# CAHI

PHILOSOPHIQUES

MW01205876

**CAHIERS PHILOSOPHIQUES**
est une publication de la Librairie Philosophique J. Vrin
6, place de la Sorbonne
75005 Paris
www.vrin.fr
contact@vrin.fr

**Directeur de la publication**
DENIS ARNAUD

**Rédactrice en chef**
NATHALIE CHOUCHAN

**Comité scientifique**
BARBARA CASSIN
ANNE FAGOT-LARGEAULT
FRANCINE MARKOVITS
PIERRE-FRANÇOIS MOREAU
JEAN-LOUIS POIRIER

**Comité de rédaction**
ALIÈNOR BERTRAND
LAURE BORDONABA
MICHEL BOURDEAU
JEAN-MARIE CHEVALIER
MICHÈLE COHEN-HALIMI
BARBARA DE NEGRONI
STÉPHANE MARCHAND
MARION SCHUMM

**Sites internet**
www.vrin.fr/cahiersphilosophiques.htm
http://cahiersphilosophiques.hypotheses.org
www.cairn.info/revue-cahiers-philosophiques.htm

**Suivi éditorial**
BÉATRICE TROTIER-FAURION

**Abonnements**
FRÉDÉRIC MENDES
Tél. : 01 43 54 03 47 – Fax : 01 43 54 48 18
fmendes@vrin.fr

**Vente aux libraires**
Tél. : 01 43 54 03 10
comptoir@vrin.fr

**La revue reçoit et examine tous les articles, y compris ceux qui sont sans lien avec les thèmes
retenus pour les dossiers. Ils peuvent être adressés à : cahiersphilosophiques@vrin.fr. Le calibrage
d'un article est de 45 000 caractères, précédé d'un résumé de 700 caractères, espaces comprises.**

ISSN 0241-2799
ISSN numérique : 2264-2641
ISBN 978-2-7116-6004-9
© Librairie Philosophique J. Vrin, 2018

# SOMMAIRE

# ÉDITORIAL

La communication et plus largement l'agentivité des végétaux sont au cœur de plusieurs contributions de ce numéro. De fortes oppositions existent quant aux manières de percevoir, reconnaître, interpréter cette communication végétale et celles-ci constituent un fil de lecture pour ce numéro : comment modéliser l'existence d'échanges signifiants entre les plantes ? Dans quelle mesure implique-t-elle des modes de communication interspécifiques avec les animaux et même les êtres humains qui vivent à leur contact ?

Ces questions essentielles sont à la fois théoriques et pratiques. Le premier volet de cet ensemble de publications sur le végétal, insistait sur le fait que la science botanique n'est pas seule dépositaire de la connaissance des plantes et qu'il existe de multiples savoirs intégrés liés à des pratiques agricoles paysannes[1]. De nombreuses publications récentes, de l'*Éloge de la plante*[2] de Francis Hallé à *L'intelligence des plantes*[3] de Stefano Mancuso et Alessandra Viola, témoignent d'un profond renouvellement de la biologie et d'une mise en question de la compréhension du végétal qui a prévalu depuis l'époque moderne. Avancée scientifique majeure, d'un certain point de vue. Et véritable « paradoxe contemporain[4] » de l'autre, que cette « découverte scientifique » dans l'espace décontextualisé d'un laboratoire, de ce qui est vécu, éprouvé et mis en pratique depuis très longtemps par d'autres peuples ou dans d'autres contextes anthropologiques[5]. De telle sorte qu'à travers le prisme de la communication entre les végétaux, ce numéro convie aussi à une réflexion sur les rapports entre sciences de la nature et sciences humaines, en même temps qu'entre anthropologie et philosophie.

Du côté des biologistes qui s'intéressent aux végétaux, l'enjeu est à la fois théorique et expérimental : ils attendent d'une communauté scientifique réticente voire incrédule, la reconnaissance de la pertinence de leur point de vue et de la validité expérimentale de leur approche. En 2005, un groupe de botanistes fonde la *Société de neurobiologie végétale*, nom provocateur associé à une volonté d'explorer systématiquement les analogies de traitement de l'information des plantes et des animaux. Puisque les plantes respirent sans poumons pourquoi ne penseraient-elles pas sans cerveau[6] ?

Comme l'explique la biologiste Monica Gagliano[7], il existe des obstacles théoriques touchant principalement à la question de la cognition qui ont empêché que soient testées expérimentalement un certain nombre d'hypothèses. Les plantes ont les moyens de résoudre les problèmes auxquelles elles sont

1. *Cf.* Le végétal, savoirs et pratiques (1), Éditorial p. 5, *Cahiers philosophiques* n° 152.
2. F. Hallé, *Éloge de la plante. Pour une nouvelle biologie*, Points Seuil, 2004.
3. S. Mancuso et A. Viola, *L'intelligence des plantes*, Albin Michel, 2018.
4. *Cf.* F. Brunois-Pasina, « Savoir-vivre avec les plantes : un vide ontologique ? », p. 11.
5. F. Brunois-Pasina, *Le jardin du casoar, la forêt des Kasua : savoir-être et savoir-faire écologiques*, Éditions de la Maison des sciences de l'homme, 2017.
6. *Cf.* A. Bertrand, Présentation de l'article de M. Gagliano, p. 39.
7. *Cf.* M. Gagliano, « Penser comme une plante : perspectives sur l'écologie comportementale des plantes », p. 42.

confrontées. La constitution des capacités cognitives animales et humaines qui prévaut depuis l'époque moderne, comme le rappelle de discours de Sébastien Vaillant[8], est aujourd'hui devenue un obstacle à l'étude du végétal : il empêche de concevoir la cognition comme un processus fonctionnel compris dans le contexte de la continuité phylogénétique et non comme une propriété d'un organisme déterminé. Il est temps de reconnaître l'existence d'une grande diversité d'expressions des opérations cognitives élémentaires.

Loin que le comportement des plantes soit, comme on l'a longtemps supposé, stéréotypé, raide et inflexible, il a été scientifiquement prouvé qu'elles disposent de perceptions de l'information contenue dans leur environnement et que cela commande leur comportement. Elles ont un sens du lieu et une *conscience* du voisinage, pour autant que l'on clarifie l'usage de ce terme. Le recours à la notion d'*affordance* qui désigne les opportunités offertes par un environnement donné à un organisme qui vit en son sein, ouvre la perspective d'une écologie comportementale unifiée incluant les capacités perceptives et cognitives des plantes. Il faut toutefois lever un obstacle théorique[9] : depuis deux décennies, le concept de comportement s'est retrouvé redéfini par ces deux déterminations fondamentales que sont l'action et l'agentivité. Les végétaux peuvent être inclus dans le cadre de cette définition générale, à condition de fabriquer des dispositifs expérimentaux adaptés permettant de représenter leur comportement[10].

Au sein même de la biologie, il existe donc des divergences importantes et c'est un enjeu actuel que d'affirmer l'agentivité des plantes, au rebours d'un monopole animal de la perception et de l'action. Tout comme il a fallu – et il faut encore – apprendre à connaître et reconnaître les capacités animales au rebours du monopole de l'intelligence humaine. Toutefois, cette *découverte* par la biologie d'une « intelligence des plantes » n'est qu'une sorte de rattrapage dont la signification et les effets sont sujets à discussion.

L'anthropologie a en effet mis en évidence que nombre de sociétés « non modernes », telle celle des Kasua de Nouvelle-Guinée, reconnaissent aux plantes agentivité et sensibilité et admettent s'entretenir avec elles dans le cadre d'une communication interspécifique. Comme l'écrit Florence Brunois-Pasina, il est aussi nécessaire qu'urgent de rendre justice à ces « autres écouteurs de plantes », ce qui suppose de se rendre familier de l'ontologie du végétal qui accompagne leur savoir-vivre avec les plantes. Or, il s'agit d'une modalité de la connaissance très différente de celle que nous pratiquons associée à une emprise sur la forêt environnante dont la discrétion est la caractéristique principale. Un « océan vert à peine effleuré par les activités de subsistance qui puisent pourtant en forêt *tous* leurs moyens d'existence[11] », ce qui confère à leur culture matérielle ce caractère étonnamment éphémère.

On est ici en présence d'un obstacle épistémologique bien différent de celui qui empêche la biologie dominante de faire une place à une cognition végétale. Il existe en effet des manières humaines d'habiter le monde qui sont

---

▥ 8. *Cf.* S. Vaillant, « Discours sur la structure des fleurs, leurs différences et l'usage de leurs parties », p.79-92.
▥ 9. *Ibid.* p. 40.
▥ 10. *Cf.* la mention de l'étude sur l'habituation comme procédé d'apprentissage chez le *Mimosa pudica*, p. 48.
▥ 11. *Cf.* F. Brunois-Pasina, « Savoir-vivre avec les plantes : un vide ontologique ? » p. 12.

antagonistes – à titre d'exemple on mentionnera les formes prises par l'activité des missionnaires, des botanistes ou encore des exploitants industriels en territoire kasua qui non seulement diffèrent des interactions que ce peuple entretient avec le végétal mais les menacent.

En s'inscrivant dans le sillon du travail de Philippe Descola, on peut rattacher ces modes d'habitation antagonistes à des ontologies hétérogènes les unes aux autres, hétérogénéité fait obstacle à la compréhension. L'anthropologue est confronté à une sorte de « vide ontologique [12] » lorsqu'il cherche à décrire l'immersion de certains peuples dans la forêt, l'attention aux plantes qui mobilise tous les sens et permet de recevoir d'elles différents messages [13] et constitue un ensemble d'interactions qualitatives avec le végétal, une connaissance *avec* la plante et non *sur* la plante.

Les obstacles rencontrés lors de la description des manières d'habiter le monde ne concernent pas seulement les sociétés non modernes. Certaines pratiques agricoles nouvelles requièrent aussi *a minima* un « usage oxymorique » des catégories usuelles en vue de subvertir quelques-uns des dualismes à l'œuvre dans la pensée moderne [14].

Ladite *découverte* de l'intelligence des plantes dans le cadre de la science et de l'ontologie naturaliste est corrélée à une occultation de l'immensité et la finesse de la connaissance des végétaux et des pratiques associées dont sont dépositaires quelques peuples à la surface de la planète. C'est dans ce cadre que l'anthropologue Eduardo Kohn insiste sur la *pensée sylvestre*, entendue comme pensée exprimée dans et parfois par les forêts et d'autres systèmes de vie non-humains [15].

L'anthropologie contemporaine, dans la mesure même où elle est une forme de « science » qui doit rendre compte en relations entre les humains et les non-humains, est ainsi confrontée au problème de la formation d'une conceptualité nouvelle. Quels sont les outils théoriques d'une anthropologie au-delà de l'humain ? Si la biologie est contrainte de se demander ce que peut signifier la perception, la conscience ou l'intelligence d'un végétal, l'anthropologie doit faire face au problème de la détermination des formes de la communication non-humaine.

Le projet de « repeupler les sciences sociales avec des non-humains » est issu de deux lignages intellectuels très différents [16] dont l'un est constitué par la pensée structuraliste de Levi-Strauss et l'affirmation que le langage est un modèle pour la totalité de la vie sociale. L'anthropologie se heurte à la question du symbolisme : comment faire une place aux non-humains si la capacité de symboliser, base de la culture, a un rôle prééminent ? Pour qu'ils deviennent « des agents à part entière », il faut que les non-humains puissent « échapper à la passivité induite par le rôle exorbitant dévolu aux symboles dans la vie sociale. »

■ 12. *Ibid.* p. 20.
■ 13. L'article de F. Brunois-Pasina et les photos associées permettent de donner quelques aperçus précis.
■ 14. *Cf.* A. G. Cohen, « Usage des oxymores et pratique des lisières », p. 25.
■ 15. *Cf.* E. Kohn, *Comment pensent les forêts ?*, Ed. Z/S et dans ce volume, p. 120.
■ 16. *Cf.* P. Descola, « (Toujours) trop humain » Un commentaire sur *Comment pensent les forêts ?* d'Eduardo Kohn, p. 94.

Le recours à la notion d'*affordance*, déjà évoquée, est une solution possible. Eduardo Kohn fait un autre choix, celui de prendre appui sur la sémiotique de Peirce qui pose l'existence de signes *iconiques* et de signes *indiciels*, qui diffèrent des signes symboliques et démultiplient les possibilités de signifier. La *sémiose* ne repose pas exclusivement un rapport arbitraire entre un signifiant et un signifié, elle n'est ni dualiste ni proprement humaine.

À partir des lectures croisées de l'ouvrage *Comment pensent les forêts ?* ce volume expose et discute la position d'Eduardo Kohn et propose une réponse de l'auteur.

Philippe Descola interroge notamment l'extension du concept de « forêt pensante » au-delà des limites fixées par le terrain ethnographique – les Runa vivent dans des forêts montagneuses caractéristiques d'une zone particulière de l'Amazonie – au risque de faire perdre au concept lui-même sa productivité initiale. D'autant que les modalités de la sémiose envisagées débouchent sur un pansémiotisme à la fois large et excluant puisque « la vie pense, les pierres non[17] ».

Ce sont des questions majeures de démarche et de méthode posées aux sciences sociales : pour avancer sur le chemin d'une anthropologie au-delà de l'humain, il convient peut-être de combiner des approches différentes – ethnologie humaine, éthologie animale, étude de la communication des plantes… – afin de penser une co-évolution de toutes les espèces qui co-habitent au sein d'un environnement donné.

Le recours à la sémiotique de Peirce suscite aussi des interrogations. Eduardo Kohn se propose en effet de « penser avec Peirce » et retient outre, les signes iconiques et indiciels, la très grande fécondité du raisonnement abductif[18]. Toutefois un lecteur de Peirce peut développer une critique de l'orientation biosémiotique adoptée par Kohn[19] : il apparaît bien dans cette philosophie un « modèle radicalement nouveau du mental » mais celui-ci repose sur une analyse logique des produits de la pensée. Car si « Peirce "décolonise l'humain", ce n'est pas en direction du vivant, mais dans un esprit plus objectiviste, celui de la rationalité et de la normativité logique. »

Ainsi, la question de l'agentivité et de la cognition des végétaux manifeste son extrême importance théorique et pratique : elle déplace les paradigmes dominants de la science biologique aussi bien que des sciences humaines et invite à reconnaître avec une certaine urgence que les plantes peuvent être l'objet de considération et de réflexion.

**Nathalie Chouchan**

---

■ 17. *Ibid.* p. 98, citation d'E. Kohn reprise par P. Descola.
■ 18. *Cf.* E. Kohn, « Philosophe, trop philosophe », p. 101.
■ 19. *Cf.* J.-M. Chevalier, « Animal, trop animal », Remarques sur l'usage de la sémiotique dans *Comment pensent les forêts ?* d'Eduardo Kohn, p. 89-90.

# DOSSIER

# Le végétal, savoirs et pratiques

## SAVOIR-VIVRE AVEC LES PLANTES : UN VIDE ONTOLOGIQUE ?

Florence Brunois-Pasina

Sur la base d'une comparaison des relations liant les Kasua et les modernes aux plantes de la forêt néoguinéenne, cet article lève le voile sur l'angle mort ontologique dans lequel disparait brutalement, violemment et systématiquement, tout un pan des interactions liant les Kasua aux plantes, et qui ressortent de la communication interspécifique qu'ils entretiennent avec elles. Cet angle mort que l'auteure qualifie de « vide ontologique » agit comme un couperet sur leur ethnographie, comme un obstacle épistémologique qui s'applique non seulement à la phénoménologie kasua mais à tous les savoir-vivre non modernes.

A u cours de mon dernier terrain chez les Kasua de Papouasie Nouvelle-Guinée en 2016, j'ai constaté l'introduction d'une nouvelle pratique liée aux arbres de la forêt. Celle-ci est familière aux amoureux secrets de nos contrées. Elle n'en demeure pas moins absolument inédite chez les Kasua auprès de qui je mène mes recherches depuis vingt ans déjà. Ainsi, à chaque arrêt ponctuant les nombreuses marches forestières, les adolescents, dotés pour la plupart d'une machette, encochent systématiquement les arbres pour s'entraîner à écrire l'alphabet. Leur dextérité permet d'entailler les écorces de telle sorte qu'apparaissent en relief des lettres, consonnes ou voyelles, lesquelles, juxtaposées forment des bracelets embrassant les larges fûts arborescents. Ce nouveau comportement est généralisé à tous les adolescents. Il a de quoi interroger l'ethnologue[1] puisqu'il défie l'interdit de couper ou de blesser un arbre inutilement, interdit qui pesait jusque-là sur tous les êtres humains. Ce

---

1. D'autant plus que ce comportement heurtait la sensibilité de mon époux présent à ce terrain. Artiste plasticien, ayant grandi dans/avec les arbres de son jardin d'enfance, il entretient avec les plantes une relation très forte, intime et sensuelle. Il est l'auteur des photographies qui illustrent cet article.

changement de comportement indique-t-il ou marque-t-il des transformations notoires quant aux manières des Kasua de percevoir et concevoir leurs rapports aux arbres ? Ces lettres gravées dans/avec le tronc traduisent-elles un changement d'ordre ontologique[2], lequel, implicitement, redistribuerait les places qu'occupent respectivement les hommes et les végétaux dans la forêt ? Cette problématisation du fait observé est-elle seulement pertinente ? Car resituée dans le contexte planétaire où l'action humaine fait figure de démesure et s'assimile à une force géologique, le phénomène interrogé, soit l'entaille superficielle de l'écorce sur quelques troncs de la jungle, peut paraître soudainement insignifiant, voire incongru, en tous les cas, peu parlant quant à révéler la condition d'être humain ou végétal ! C'est pourtant le parti pris de cet article qui s'inscrit ainsi en continuité avec mes travaux précédents, plus précisément avec celui sur la forêt plurielle[3] ? Comparant les pratiques

> **Cet angle mort, ce « vide ontologique » agit comme un couperet**

liées au végétal telles qu'observées synchroniquement chez les Kasua et les modernes (missionnaires, conservateurs, exploitants industriels agissant sur leur territoire forestier), ce travail montrait comment au travers d'une lecture comparée des pratiques, il était possible d'isoler les différents traitements ontologiques que ces divers acteurs en présence prêtaient aux non-humains et de mieux comprendre les conflits que suscitaient ces différentes manières antagonistes d'habiter le monde en tant qu'humain.

Poussant plus loin cette comparaison des pratiques tout en zoomant davantage sur les gestes et la sémiologie que produisent les humains dans leurs relations avec le végétal, je voudrais ici lever le voile sur l'angle mort ontologique par lequel/ dans lequel disparaît brutalement, violemment, mais systématiquement, tout un pan des interactions liant les Kasua aux plantes, et qui ressortent de la communication interspécifique qu'ils entretiennent avec elles. Cet angle mort que l'on pourrait qualifier de « vide ontologique » agit comme un couperet sur leur ethnographie[4], comme un obstacle épistémologique qui s'appliquerait non seulement à la phénoménologie kasua mais à tous les savoir-vivre non modernes[5] lesquels, tel celui des kasua, reconnaissent aux plantes une agentivité et une sensibilité et admettent volontiers s'entretenir avec elles dans une communication interspécifique et audible. D'ailleurs, à l'image des Kasua, ces collectifs d'humains semblent peu enclins à formaliser

■ 2. Il appartient à Philippe Descola d'avoir dégagé une première catégorisation des ontologies coexistant dans le monde. Celles-ci reposent sur la manière dont les sociétés distribuent les attributs d'intériorité et de physicalité entre les humains et les non-humains. Il isole ainsi quatre grands types ontologiques : animiste, naturaliste, analogique et totémique, cf. P. Descola, *Par-delà nature et culture*, Paris, Gallimard, 2005.

■ 3. F. Brunois, « La forêt peut-elle être plurielle ? Définitions de la forêt des Kasua de Nouvelle-Guinée », *Anthropologie et sociétés*, 28 (1), 2004, p. 89-107.

■ 4. Restituée dans F. Brunois, *Le jardin du casoar, la forêt des Kasua. Épistémologie des savoir-être et savoir-faire écologiques (Papouasie-Nouvelle-Guinée)*, Paris, CNRS-Éditions et Maison des sciences de l'homme, 2008. L'économie de cette monographie est audacieuse puisqu'elle prend le parti de traiter les humains et les non-humains selon une même grille descriptive et analytique, suivant en cela la vision du monde kasua.

■ 5. Réductionnisme vis-à-vis des savoirs des autres que l'on rencontre également dans les travaux d'enquête des naturalistes partis à la conquête des savoirs botaniques du nouveau monde, cf. S. Boumediene, *La colonisation du savoir. Une histoire des plantes médicinales du « Nouveau Monde » (1492-1750)*, Vaulx-en-Velin, Éditions des Mondes à faire, 2016.

de manière systématique leurs connaissances et inter-connaissances du monde végétal. Le plus souvent, celles-ci relèvent chez eux de l'implicite et non du catégorique. Les attributs agentifs prêtés aux plantes se déduisent de leurs pratiques et s'intègrent au cours des expériences et interactions qu'ils tissent avec elles. Or, cette donne anthropologique, soit cette latence catégorique – que l'on retrouve dans les nomenclatures locales du végétal – conduit aujourd'hui à l'avènement d'un formidable paradoxe contemporain. En effet, au moment même où s'invisibilise lentement mais sûrement le vivre avec les plantes des collectifs non modernes – biaisé par l'« angle mort ontologique » –, le savoir naturaliste – qui avait privé intentionnellement les plantes d'intériorité et d'intelligence –, redécouvre l'interactivité du végétal, soit son pouvoir d'agir et de réagir au monde ! Dans l'espace décontextualisé que sont les laboratoires scientifiques, des biologistes du végétal mettent en place des expériences sur une plante isolée, le mimosa sensitif, et prouvent à force d'expérimentations répétées que celle-ci mémorise, pense, communique. Bref, par le biais d'une externalisation du contexte vivant de la plante (lequel externalise simultanément les divers collectifs d'humains et non-humains qui cohabitent ou ont cohabité avec le mimosa), les naturalistes attribuent au végétal des dispositions inédites – des mots imprononçables jusque-là – et s'enorgueillissent de réaliser une découverte scientifique… quand ces mots végétaux, ces mêmes mots prononcés par les plantes, sont depuis longtemps entendus et répondus par les autres hommes qui habitent le monde contextualisé !

Faire justice à ces autres écouteurs de plantes est l'objectif qui sous-tend bien sûr cet article. La méthode déployée s'inspire des enseignements reçus d'A.G. Haudricourt[6] qui m'a appris à porter l'attention du regard sur les interactions plutôt que les seules actions de l'homme sur le végétal. La méthode s'inspire naturellement des non modernes, particulièrement des Ashuar qui énoncent et prononcent des mots aux plantes en réponse à ceux qu'elles formulent au cours de leur croissance dans les essarts forestiers[7]. La méthode s'inspire finalement de la dimension sylvestre, et donc écologique, dans laquelle s'enchevêtrent les interactions liant les Kasua aux plantes pour chercher à restituer au plus près et au plus juste les dialogues interspécifiques qui se murmurent à l'oreille de la canopée.

## Une civilisation du végétal

Sur les terres kasua, situées au sud du Grand plateau de Papouasie Nouvelle-Guinée, le règne végétal exalte dans la démesure. Vu du ciel, il suscite un sentiment d'infiniment vert aux dégradés innombrables ; quant à terre, il fait l'éloge d'une foisonnante diversité de bruns et de matières. Sur les terres kasua, la réalité du végétal affirme son évidence en empruntant une multitude de formes, individuées et collectives qu'elle décline à loisir ! S'étendant sur plus de 2 000 m de dénivellation, et sans négliger les sous-canopées formées spontanément par les palmiers *Metroxylon* sp, la réalité du végétal s'organise

---

■ 6. Communication personnelle.
■ 7. P. Descola, *La nature domestique. Symbolisme et praxis dans l'écologie des Ashuar*, Paris, Éditions de la Maison des sciences de l'homme, 1986.

en trois écosystèmes forestiers distingués par les botanistes : la forêt des basses terres alluviales considérée comme la forêt la plus « luxuriante » de la Papouasie[8] où « la flore est extraordinairement riche, particulièrement en espèces d'arbres »[9] ; la forêt tropicale des basses collines reconnaissable par sa canopée plus vaste et variée, et enfin, la forêt des basses montagnes caractérisée par une canopée moins haute mais très fermée du fait de la plus grande densité des spécimens. Autant dire que sur ces terres kasua, le savoir-vivre ensemble ne peut faire l'économie du végétal ! D'ailleurs, à la différence du végétal, le règne humain se révèle dans la discrétion : le manteau de verdure recouvre plus de 99 % de cette aire. L'océan vert se voit donc à peine effleuré par les activités de subsistance kasua qui puisent pourtant en forêt, *tous* leurs moyens d'existence, conférant à leur culture matérielle ce caractère étonnamment éphémère[10]. Chasseurs, horticulteurs, cueilleurs, pêcheurs, la vie semi-nomade des Kasua est leur manière singulière d'habiter la forêt. Chaque jour, ils composent et recomposent leur existence avec l'extraordinaire diversité des êtres qui y co-habitent, lesquels disposent au même titre que les humains d'un usufruit sur le commun sylvestre. Cet esprit du vivre ensemble en forêt explique que les Kasua ne revendiquent pas une possession et une occupation exclusives sur ces terres forestières et qu'ils ne s'arrogent aucun pouvoir technologique pour reproduire les êtres qu'ils côtoient. Cette abstinence de l'agir ne signifie pas que les Kasua ne valorisent pas l'utilité qu'ils prêtent aux êtres forestiers. Ceux empruntés aux végétaux sont d'ailleurs fort nombreux. Sur 1 100 plantes herborisées, plus de 1 410 emplois distincts ont été identifiés[11] ! Cette formidable utilité prêtée au règne végétal légitimerait d'assimiler la société kasua à « une civilisation du végétal témoignant d'un temps toujours actuel de l'âge du bois, du bambou, des fibres »[12]. L'inventaire précis des usages kasua témoigne d'un autre phénomène tout à fait remarquable : l'utilitarisme que prêtent les Kasua au végétal est partagé avec les non-humains. Ainsi, sur les 1 410 usages reconnus, plus de quatre cent sont considérés comme utiles car utiles à la faune et aux esprits de la forêt. Cette communauté des usages explique certainement que la société kasua n'a pas développé des modalités d'appropriation exclusives au détriment des autres usagers. La forêt reste à leurs yeux le jardin du casoar, non celui des hommes ! Là où les Kasua, à l'image de Théophraste, ne reconnaissent pas la sexualité du végétal, ils admettent l'extraordinaire capacité régénérative dont dispose le système digestif de cette autruche à casque forestière. Car à la différence des oiseaux qui participent de la diffusion des plantes en disséminant les petites graines, le casoar est le seul animal à pouvoir abraser l'épicarpe des fruits complexes et donc à produire cette métamorphose du

◼ 8. K. Paijmans, « Explanatory notes to the vegetation map of PNG », *Land Research*, series n° 35, Canberra, CSIRO, 1975.

◼ 9. N.M.U Clunie, « The vegetation », *in* J.S., Womersley (ed.), *Handbooks of theFlora of Papua New Guinea*, vol. 1, Melbourne, Melbourne University Press on behalf of the Goverment of Papua New Guinea, 1978.

◼ 10. S. Bahuchet, *Chez les Pygmées d'Afrique centrale, des outils de l'éphémère… Corps écrits*, 35, 1990, p. 13-20.

◼ 11. F. Brunois, *Le Jardin du Casoar, op.cit.* ; S. Bahuchet, « La forêt Matière », *in* S. Bahuchet (ed), *Les Peuples des forêts tropicales aujourd'hui. Une approche thématique*, vol 2, Bruxelles, APFT-ULB, 2000, p. 135-157.

◼ 12. J. Barrau, « De l'homme cueilleur à l'homme cultivateur, l'exemple océanien », *Cahiers d'histoire mondiale*, 10 (2), 1967, Neuchâtel, p. 275-292.

fruit digéré et déjecté sous forme de plantule. Dans ce jardin du casoar, les Kasua se contenteraient de déplacer ses rejetons et de participer au même titre que l'avifaune à la diffusion zoochore des essences végétales de la forêt.

## Une connaissance singulière des plantes

Le règne végétal s'impose donc au quotidien de ces 500 individus dont l'ensemble des activités les conduit à marcher, guetter, épier, stationner, rêver en forêt. Autant de temps passé en compagnie des êtres végétaux qui permet aux Kasua d'être attentifs aux moindres détails que peut arborer un être végétal. La diversité végétale se cherche et se trouve dans la subtilité : elle y révèle sa personnalité vraie. Au même titre que Dominique Lestel parlait de la singularité animale, les Kasua reconnaissent la singularité végétale. Les arbres ne font pas que « végéter ». Les Kasua admettent volontiers le mouvement végétal : le tempérament coloniaire de certaines essences par exemple, comme leur capacité à se démultiplier en empruntant des chemins racinaires chtoniens ou aériens via les vols de l'avifaune ou les voyages des esprits qui vivent et agissent dans la dimension invisible de la canopée. Ce phénomène est souligné dans la nomenclature car dans tous les cas de mise en mouvement, le nouvel arbre sera nommé « ombre » de l'essence x.

Ces attributs de mouvement généralisés expliquent l'accent qu'ils portent à la personnalité que recouvre chaque être végétal rencontré en forêt. Leur manière de penser leurs interactions avec le végétal est qualitative et non quantitative. Pour ces gens, il n'y a pas de « masse végétale » : leur rapport aux végétaux est toujours sélectif. Donc la connaissance est toujours contextualisée et relativisée : une connaissance d'un arbre est une connaissance « avec » cet arbre. Et ce n'est pas parce qu'il y a plusieurs arbres d'une même espèce que les Kasua vont généraliser le rapport d'un arbre singulier à tous les arbres de la même espèce. La connaissance de l'altérité végétale est géographiquement ancrée et située, elle relève de ce qu'Augustin Berque appelle l'ontologie géographique ou terrestre[13]. Cette considération, cette éducation de l'attention[14] aux lieux, aux interstices où se joue l'interaction, et d'où va se révéler l'identité du végétal vaut pour toutes les plantes. Elle vaut également pour tous les animaux et les humains. En effet, c'est dans sa relation à la terre forestière, dans son ancrage écologique et donc géographique à un certain territoire, que la personnalité, la singularité d'un individu kasua (féminin ou masculin) va s'affirmer. Ce « sens de la terre » nietzschéen est d'ailleurs intégré aux stratégies matrimoniales. L'incarnation terrestre du corps des Kasua participe des règles de prohibition de l'inceste en interdisant aux jeunes femmes et hommes Kasua ayant grandi ensemble et donc partagé une maison, un foyer, une terre, de se marier alors que leurs appartenances claniques le permettraient. Nourris par les mêmes substances terrestres, leurs corps deviennent par trop identiques…

■ 13. M. Augendre, J-P. Llored, Y. Nussaume, *La mésologie, un autre paradigme pour l'anthropocène ? Autour et en présence d'Augustin Berque*, Paris, Hermann, 2018.
■ 14. L'éducation de l'attention à l'écologie des êtres et espaces est une clef fondamentale dans la psychologie environnementale développée par James Gibson, *cf.* J. Gibson, *Approche écologique de la perception visuelle*, Bellevaux, Éditions Dehors, 2014.

## Une connaissance intégrée aux cycles et aux interactions

La connaissance du végétal est donc une connaissance « avec » la plante et non « sur » la plante[15] ! Contextualisée, elle est également une connaissance intégrée aux réseaux relationnels plus complexes auxquels les deux êtres – homme/plante – sont respectivement partie prenante et donc rattachés[16]. Pour les Kasua en effet, tous les êtres forestiers, – qu'ils soient humains, plantes, animaux, esprits – relèvent d'un vaste ordonnancement relationnel institué par le vieux créateur Sito. Aux premiers jours de la cosmogénèse en effet, les êtres forestiers issus de sa graisse fertile ibi, n'étaient pas sexualisés. Seul le vieux pouvait donner vie. D'ailleurs la puissance fertile du créateur se mesurait à la dimension de son pénis : il était gigantesque, imposant à la vue de tous son pouvoir omnipotent. Son omnipotence fertile prit pourtant fin brutalement – il fut castré de son pénis en tombant dans une rivière glacée –, au profit de la jeune humanité qui accéda à sa sexualisation et ainsi à la reproduction humaine. Cependant, si Sito lui concéda à son insu le pouvoir de donner la vie, il se garda de lui offrir l'exclusivité de la fertilité que son pénis symbolisait. Voici, en effet, ce qu'il fit :

Sito coupa la graisse jaune de son pénis pourri en morceaux qui se métamorphosèrent en vers de terre. Fier de la multitude qu'il produisit, il interpella tous les êtres de la forêt (arbres et gibiers) : « Voici votre nourriture. Les arbres vous mangerez des vers de terre, ils vous nourriront, les gibiers vous mangerez les fruits des arbres et vous donnerez de la graisse que les hommes mangeront ».

Le créateur Sito prit donc soin de placer sa graisse fertile à l'origine de la chaîne alimentaire, s'assurant la préséance de sa fertilité. Il imposera surtout le respect de l'ordre de sa diffusion dans la chaine trophique. Un autre mythe interdit en effet aux hommes de consommer en abondance les êtres végétaux situés au plus bas de l'ordonnancement, soit au plus près du ver de terre, substitut symbolique de son pénis. Enfreindre cette règle, c'est-à-dire enfreindre leur place de consommateurs située au plus haut niveau trophique provoquerait leur transformation en sorciers destinés à être tués et mangés. Nous le constatons, la mythologie kasua ne laisse guère d'issue à humanité ! Elle ne peut ni s'affranchir de cette chaine trophique, ni se prévaloir d'un statut décontextualisé qui lui permettrait d'échapper à la chaine causale qu'induisent ses interactions sur la vie terrestre, ni davantage

■ 15. Cette distinction entre un savoir sur et un savoir avec est tirée de l'expression de Tim Ingold lequel qualifie l'anthropologie d'une « philosophie avec les gens et non de philosophie sur les gens », P. Descola et T. Ingold, *Être au monde. Quelle expérience commune ?*, Lyon, Presses Universitaires de Lyon, 2014. Elle permet de restituer le caractère « réellement » interactif des relations avec les non-humains d'où émergent les connaissances humaines. Cf. F. Brunois, « Pour une approche interactive des savoirs locaux : l'ethno-éthologie », *Le Journal de la Société des Océanistes*, 120-121, 2005, p. 31-40, et comme autres résultats d'une telle approche, S. Krief et F. Brunois-Pasina, « L'interspécificité du pharmakôn dans le parc Kibale (Ouganda) : savoirs partagés entre humains et chimpanzés ? », *Cahiers d'anthropologie sociale. Guérir/ Tuer*, 14, Paris, L'Herne, 2017.
■ 16. Pour un autre exemple de savoir ethnobotanique intégré, P. Geissler & R. Prince, « Active Compounds and Atoms of Society : Plants, Bodies, Minds and Cultures in the Work of Kenyan Ethnobotanical Knowledge », *Social Studies of Science*, 39(4), 2009, p. 599-634.

s'économiser l'accès à la fertilité pour se reproduire et survivre en tant que collectif. Aussi, en organisant la diffusion de sa graisse fertile au sein même de l'écosystème forestier, Sito lui impose la mesure, l'humilité prédatrice. Trop de fertilité tuerait fatalement l'homme, là où par sa proximité avec le pénis de Sito, le végétal porte le processus vital à l'état presque épuré ! Ce qui explique la considération que les plantes suscitent chez les Kasua. Leur place de choix dans l'ordonnancement sitoesque font d'elles des méta-êtres, des alter ego forts d'une extraordinaire puissance : autotrophes, elles puisent leur substance à partir de la terre fertilisée grâce à l'action du ver de terre, lequel hétérotrophe, décompose toute matière organique morte pour la ramener finalement à ses composés minéraux et graisseux : l'humus du créateur. Ce fabuleux système relationnel qui participe de la constitution ontologique du végétal, le maintient dans sa croissance, ramifie sa puissance, accroît sa verticalité, métamorphose ses parties, éternise son aisance ! Il permet ainsi aux arbres que chaque partie soit l'arbre en entier, qu'il « répète indéfiniment ce jeu du même et de l'autre, où l'autre peut devenir le même »[17] ou réinventer l'énergie vitale sous la forme distincte de l'une des 1 100 essences herborisées. Sa force fertilisante se lit dans la multiplicité des espèces qu'il décline, mais aussi dans sa générosité nourricière vu qu'il satisfait aux besoins de la faune[18], des Kasua et des esprits. De plus, il est l'indicateur par excellence du cosmos en disposant du pouvoir exceptionnel de lier le sol et la terre d'une part, – et par-delà, le créateur-les humains –, et d'autre part, le visible et l'invisible habité par les esprits, les hommes invisibles ! Étendu, complexe, interspécifique, le système relationnel du végétal représente donc un méta système, qui lui est en outre totalement propre. C'est donc logiquement que les Kasua reconnaissent sa puissance active et agissante[19]. Elle est bien sûr communicante !

**La connaissance du végétal est une connaissance « avec » et non « sur » la plante**

Les métamorphoses de sa matière vivante sont à ce titre éloquentes ; elles interpellent les Kasua comme elles ont interpellé Gœthe. Les Kasua sont entourés d'êtres végétaux qui ne cessent de se métamorphoser et se métamorphosent parfois brusquement. Ces transformations extraordinaires ne sont pas sans rappeler la violence à laquelle les jeunes Kasua sont exposés au cours du rituel initiatique pour quitter l'âge impubère et se transformer en adultes capables de régénérer l'être humain, c'est-à-dire capables de donner et de prendre la vie humaine. À la différence près, que le végétal, lui, renouvelle en continu ces métamorphoses ! En continu, il remodèle, redessine

■ 17. R. Dumas, *Traité de l'arbre. Essai d'une philosophie occidentale*, Arles, Actes Sud, 2002, p. 154.
■ 18. Plus de 80 % de la faune est frugivore et/ou herbivore.
■ 19. Cette puissance vitale ne relève pas d'un biais anthropomorphique. La différence de physicalité est bien admise, par exemple entre l'arbre et l'homme : « Le cœur n'est pas le seul organe absent du corps arborescent. Les Kasua reconnaissent, qu'il n'a pas de poumons, qu'il n'a pas de foie, qu'il n'a pas davantage d'estomac, ni d'organes sexuels mâles et femelles. Et pourtant il vit. Et pourtant il recèle en lui une puissance fertile extraordinaire ». Je renvoie à mon article consacré aux arbres pour qui aborde le mystère de la physique de l'arbre (F. Brunois « Être arbre : la condition humaine kasua (Nouvelle-Guinée) visitée par la condition du végétal, ou vice-versa », *Cahiers De Littérature Orale*, n° 53-54, 2003, p. 293-304).

la configuration du monde forestier. L'action des végétaux est perçue comme toujours surprenante ! Bien sûr les Kasua reconnaissent les constances comportementales des végétaux, leurs « habitus » spécifiques comme ceux par exemple des essences pionnières, amoureuses (ficus étrangleur), coloniaires, endémiques, etc. Mais ces connaissances ne taisent pas la possibilité offerte aux Kasua d'être étonnés et émus par la vitalité d'un végétal qu'ils rencontrent en forêt et dont la prestance a su attirer leur attention. Inattendues, imprévues, impromptues, ces rencontres sont toujours prétextes à redécouvrir le végétal en question et écouter ce qu'il a à dire sur sa réalité du monde et sur son monde[20] décidément bien partagé.

## Des plantes polyglottes

Les Kasua reconnaissent une communication aux êtres végétaux qui s'inscrit dans une sémiologie interspécifique plus vaste puisque les animaux, les hommes et les esprits[21] y participent de concert. Il faut comprendre que pour ces individus, le langage n'est pas le propre de l'homme et le fait que leur langue soit articulée ne lui confère aucun privilège ontologique. La langue kasua ne représente qu'une variante parmi les formes multiples de la communication telles qu'on les rencontre chez les oiseaux, les esprits ou les arbres. Ce qui explique logiquement, que chaque variante dispose de son lexique et de ses sonorités qui lui sont toutes singulières[22], également que tout Kasua ne soit pas en mesure de bien entendre et écouter les phrasés des êtres forestiers. La communication des arbres *relève par exemple d'une sensibilité* hors norme qui ne se traduit pas dans le langage humain. Pour être audible, elle doit être formulée dans la langue des esprits. Ainsi, en dehors des signes que le commun des Kasua est amené à reconnaître et à entendre dans l'intimité de son expérience sylvestre, la communication sonore avec le végétal passe nécessairement par les chamanes ou autres êtres d'exception que l'on nomme « cerveau du rêve » lesquels sont dotés du pouvoir d'entendre l'invisible[23] et de restituer ses dialogues aux Kasua qui ne maîtrisent pas le parler plante ou esprit. Les séances chamaniques permettent ainsi de mettre des mots là où l'expérience des individus n'en met pas. Elles précisent ainsi la sémiologie végétale que les Kasua avaient peut-être pressentie et identifiée au cours de leurs interactions quotidiennes en forêt. Le végétal est non seulement pourvoyeur de sens et d'affordances, il est aussi pourvoyeur de signes communicatifs qui permettent aux Kasua de penser le cosmos forestier,

---

■ 20. Ainsi les Kasua étendent la notion d'*Umwelt* aux végétaux ce qui légitime sans doute que la sémiologie forestière intègre les signes des végétaux et que l'attention des Kasua cherche à percer les mondes perceptifs et actionnels des arbres. Sur la notion d'*Umwelt*, cf. J. von Uexküll, *Mondes animaux et monde humain*, 1934 ; trad. fr. éd. Denoël, 1965 ; rééd. *Milieu animal et milieu humain*, Rivages, 2010.

■ 21. Les Kasua poussent encore plus loin la proposition d'Eduardo Kohn, vu que pour eux, la forêt pense, agit et réagit aussi avec les arbres et autres végétaux, cf. E. Kohn, *Comment pensent les forêts ?*, Zones Sensibles, Bruxelles, 2017.

■ 22. À titre d'exemple, les esprits Sosu, maîtres de la fertilité, disposent d'une langue articulée et d'un vocabulaire propre que les Kasua ont l'obligation de parler lorsqu'ils traversent leur territoire situé sur le cône du volcan. Cette langue est apprise au cours du rituel initiatique.

■ 23. Cette répartition des compétences d'audition des mots végétaux fait écho semble-t-il aux travaux sur les différentes intelligences que développent les êtres humains, cf. S. Molaie : « Language Sustainability and the Theory of Multiple Intelligences », in *Cahiers de l'Apliut*, vol. 35, n° 2, 2016, 605876 ; H. Gardner, « Frames of mind : The theory of multiple intelligences », New York, Basic Books, 1983.

soit les deux mondes, visibles et invisibles. Comme en Amazonie où cela a été montré, les plantes sont pour les Kasua de véritables outils cognitifs et interviennent comme des phytomaîtres[24], soit des agents privilégiés pour penser la totalité du cosmos. Cependant cet accès au monde total que délivrent les végétaux n'est pas accordé à tous, comme il n'est pas davantage accordé à tous de vivre dans la cime des arbres où habitent entre autres les nombreux esprits. La canopée est un monde d'une foisonnante vitalité. Aux esprits, s'ajoute bien sûr la faune puisque la majorité des animaux en forêt néo-guinéenne vit également dans les arbres où ils se nichent, se cachent, se causent, dansent et se reproduisent. De par sa stature exceptionnelle et accueillante, le végétal s'érige en méta être communicant. Et de fait, il est considéré comme un véritable polyglotte qui s'entretient quotidiennement avec une multitude d'habitants forestiers. Il est aussi un être doué de mémoire, d'une mémoire qui porte l'histoire interspécifique des êtres qu'il côtoie. Cette mémoire guide souvent ses interactions avec les autres et participe de l'expression de certains de ses comportements singuliers : la couleur bleue de ses fruits pour attirer le casoar jardinier, l'odeur fruitée de ses feuilles pour entretenir le désir des esprits, le liber dur comme du fer pour dissuader les humains de couper le tronc ou encore l'odeur nauséabonde que son bois dégage quand on le brûle pour échapper à sa réduction carbonique. Cette mémoire sculpte le végétal et ses relations aux autres. Elle explique également la capacité du végétal à se venger sur les animaux et sur les bûcherons peu respectueux des règles sitoesques. Ces derniers seront frappés de douleurs paralysantes aux épaules que seule l'intervention du *fabolo sena*, (l'homme de la pente) pourra soulager en invoquant le pardon à l'arbre meurtri. Les Kasua n'ont donc pas attendu la découverte récente des relations que nouent les acacias de la savane avec les impalas[25] pour vivre en eux, et avec les plantes, l'agir et le réagir spécifique et interspécifique du végétal. Cependant, cette communication des plantes reste pour nombreux kasua des phrasés implicites sur les innombrables phénomènes terrestres dont les végétaux sont les colporteurs polyglottes.

## L'introduction des pratiques modernes du végétal et de l'angle mort ontologique

La modernité s'est introduite chez les Kasua par le biais de pratiques exogènes ayant toujours un lien étroit avec le végétal. Ainsi décidés à transformer les Kasua en protestants fondamentalistes, les missionnaires ont assimilé leur forêt à l'espace satanique, les obligeant à s'en extraire pour se dédier à des jardins ordonnés et ornés de plantes à fleurs, image en miroir du paradis

■ 24. *Cf.* K. Tupper, « Entheogens and Existential Intelligence : The Use of Plant Teachers as Cognitive Tools », in *Canadian Journal of Education / Revue canadienne de l'éducation*, vol. 27, n° 4, 2002, p. 499-516 ; G. Reichel-Dolmatoff, *The shaman and the jaguar : A study of narcotic drugs among the Indians of Colombia*, Philadelphia, Temple University Press G, 1975 ; L. Luna, « The concept of plants as teachers among four mestizo shamans of Iquitos, northeastern Peru », *Journal of Ethnopharmacology*, 11 (2), 1984, p. 135-156 ; David Dupuis, *Les murmures de l'ayahuasca : parcours rituel et transmission culturelle à Takiwasi*, Thèse de doctorat, EHESS, 2016.

■ 25. Découverte selon laquelle les acacias dégageraient des composés chimiques pour prévenir les autres congénères acacia de l'arrivée menaçante des impalas, friandes de leur bois et feuillage.

sur terre. Les compagnies forestières malaysiennes et chinoises ont bien sûr introduit la pratique de la coupe blanche des arbres réduits à du m³, quand les ONG de la conservation de la nature (WWF, Greenpeace) appelaient au biostatisme des Kasua pour préserver la biodiversité environnante. Comme je l'ai montré antérieurement, ces activités reposent sur des catégories explicites du végétal qui posent comme postulat (ontologique et juridique) une physicalité universelle mesurée au m³ laquelle fonde la systématicité des pratiques. De ce fait, toute l'intelligence existentielle, la sensibilité intégrée du savoir être avec les plantes kasua a été évincée comme sacrifiée au rapport rationaliste au végétal que prône l'intelligence naturaliste. La résultante chez les Kasua est que ces actions utilitaristes sur le végétal ont induit une formidable décontextualisation et des êtres et de leur incarnation terrestre. Avec ces pratiques modernes, l'être végétal a été dépersonnalisé, comme détaché de son milieu ontologique et de son ancrage géographique qui nous l'avons vu s'inscrivait dans un système global, plus vaste en tenant compte de l'humidité, des vers de terre, des arbres, des animaux et des esprits[26]. Ce détachement de leur milieu terrestre kasua à conduit les végétaux à se vider de leur substance vitale, interspécifique et foisonnante. Ainsi, dans les lieux où ont été pratiquées des coupes blanches, les arbres sont devenus des zombies, des êtres désincarnés qui relèvent d'un monde muet car mort. Dans ces parties de la forêt où ont lieu les coupes blanches et qui concernent aujourd'hui 20 % du territoire Kasua, l'humus, la graisse fertile du créateur s'est asséchée. Aussi, toute l'altérité puissante qui était reconnue aux arbres a été mise à terre. C'est dans ce contexte particulier et contemporain qu'émerge notre nouveau comportement adolescent lié aux arbres.

**Les arbres sont devenus des zombies**

L'écriture à la machette transparaît comme un exercice désespéré et obstiné pour apprendre et s'approprier la pulsion mortelle que véhicule le nouveau langage des modernes et qui détruit rationnellement leur forêt. La violence faite aux arbres témoigne ainsi d'une réponse au non-agir des arbres face au nouveau langage technique. Les adolescents semblent reprocher aux végétaux leur défaillance à lutter, à se protéger et à protéger les Kasua eux-mêmes. L'entaille manifeste dans son indifférence à l'arbre, un certain mépris, une colère non verbalisée mais incarnée contre l'eugénisme de l'exploitation forestière. À son encontre, le végétal colporte les frustrations et ressentiments de ces jeunes qui décidément ne parviennent ni à intégrer pleinement le nouveau monde exogène, ni à maîtriser sa langue.

Les adultes tolèrent quant à eux ces comportements, trop occupés à mobiliser les esprits pour leur venir en aide. Il y a impératif à revitaliser les arbres et leur restituer leur pleine puissance. Ces six dernières années ont été marquées effectivement par une recrudescence des processus de territorialisation

---

■ 26. Liste à laquelle il faut rajouter la lune puisque selon les Kasua, les arbres forestiers s'entretiennent avec elle dans un échange d'eau matérialisée à l'aube par la rosée F. Brunois, « Être arbre : la condition humaine kasua », *op.cit* ; F. Brunois, *Le jardin du Casoar, op. cit.*, 2007.

spirituelle par lesquels les esprits de la forêt se réapproprient les arbres comme habitat et le divulguent aux humains au travers de leurs rêves. Ainsi, alors que les végétaux manifestent une grande faiblesse organique, mécanique face à la technique moderne, les adultes Kasua interpellent les esprits pour lutter contre les exploitants forestiers et revigorer les plantes de la forêt.

Ce métalangage réactivé est une tentative pour renouer le lien avec les êtres végétaux et éviter que celui-ci disparaisse de manière peut-être irréversible. Cette reconnexion désespérée entre les végétaux et les esprits est d'ailleurs bouleversante, car c'est tout un panel d'émotions qui rejaillit en s'extirpant du lourd silence dans lequel le système naturaliste les avait tues. Tous les sens sont aussitôt appelés à contribution : l'odorat, le tactile, l'ouïe, etc. Ainsi, alors que nous circulions sur une piste de la compagnie forestière, les Kasua surprirent une odeur sucrée qui les conduit à se plonger en forêt pour revenir la tête couronnée de feuilles. Interrogés sur leur comportement soudain, ils m'interpellèrent : « Tu n'as pas senti ? Les esprits sont là, ils se sont faits beaux, ils se sont revêtus de leur plus bel apparat pour attaquer les convois de la compagnie ».

## Empathie *versus* apathie

En l'absence d'une formalisation de la communication du végétal et des relations qu'ils entretiennent avec le végétal, les modernes se contentent de leur ressenti et tendent à ne prêter l'oreille qu'à *ce qui les entretient dans l'anthropocentrisme*[27]. Quand la plante est admirée pour ses caractéristiques remarquables, c'est qu'elle émeut l'observateur par son génie, son secret des formes et des mesures. Quand elle fait preuve de détermination, d'autosuffisance, elle provoque le mépris, elle est égoïste. Et si au pire, les plantes sont nombreuses et identiques dans leurs comportements, elles sont perçues comme s'alliant et formant un axe guerrier : elles deviennent invasives. Il appartient alors aux êtres humains d'exercer en toute légitimité un contrôle sur ces plantes pour parer à cette tendance obsessionnelle effrayante. La science-fiction[28] donne à voir cette peur que le végétal suscite au-delà de sa réalité, au delà de l'espace-temps terrestre qui est le sien. Là dans l'imaginaire, le végétal devient actant et réactant mais en tant qu'alien dévorant les êtres humains, recouvrant tout ce qui entrave son élan. La plante devient animale. Dans la réalité, la plante souffre d'un manque d'empathie[29]et d'une injustice tant ontologique que juridique ! Elle ne suscite guère d'identification (sinon anthropocentrique) bénéficiant au mieux de l'apathie ou de l'antipathie à l'égard de son objet.

Si les modernes se surprennent à prêter aux plantes une extraordinaire et soudaine agentivité, aussitôt, ils considèrent qu'il leur appartient de la maîtriser pour la ramener dans le droit chemin. La redécouverte de l'intelligence des plantes par les naturalistes est à ce titre paradoxale. Là où les éthologues

■ 27. Ce dont les animaux ont également souffert, D. Lestel, J.-L. Giribone, J. Lambert, « L'homme devant l'animal : observer une autre intelligence », *Esprit*, 365 (6), 2010, p. 116-132.
■ 28. E. Chang, « Killer Plants of the Late Nineteenth Century », *in* L. Karpenko, S. Claggett (ed), *Strange Science. Investigating the Limits of Knowledge in the Victorian Age*, Michigan, University of Michigan Press, 2017.
■ 29. M. Marder, *Grafts : Writings on Plants*, Mineapolis, University of Minesota Press, 2016.

peinent à démontrer que les animaux s'auto-médicamentent[30] que les animaux communiquent par l'emploi d'un proto langage et s'organisent en culture, les botanistes recourent à la cognition animale pour affirmer sans complexe que les plantes apprennent, qu'elles mémorisent, qu'elles sont dotées d'une intelligence de base minimalement cognitive (mais ontologiquement différente de celle des humains contrairement aux ontologies non modernes pour lesquelles l'intelligence, l'agentivité, la communication sont des attributs partagés avec l'homme). Cette réattribution de dispositions ne remet pourtant pas en cause l'ontologie du végétal relégué dans l'ensemble des champs de la pratique à un objet[31]. Aussi innovante soit-elle, ces attributs sont compris comme relevant encore exclusivement du seul domaine de la physicalité, ce qui permet logiquement de les biologiser immédiatement en recourant à leur numérisation sous forme d'algorithmes. Autrement dit, la plante aussi intelligente et sensitive soit-elle, reste un objet décontextualisé de son monde vital. Certes, les connaissances de la physicalité végétale, s'élargissent, s'étendent, se diversifient, se précisent. Mais, dans la pratique sociale, l'interactivité des plantes est toujours malmenée. Les mêmes naturalistes qui redécouvrent aujourd'hui l'intelligence des plantes, s'adonnent sur elles à des manipulations génétiques ou plus loin à une industrialisation de son exploitation intensive. L'ontologie naturaliste permet la coexistence de telles pratiques a priori contradictoires car elle entretient les plantes dans un vide ontologique et juridique. Rien n'interdit donc de traiter les plantes comme on traitait les animaux, soit comme des objets, esclaves silencieux sur lesquels on intervient au moindre coût pour s'assurer qu'ils approvisionnent les besoins impétueux de l'être humain[32]. Il y a donc de fortes chances que cette intelligence des plantes « redécouverte » par les modernes soit rapidement réorganisée, réappropriée pour corriger les seuls excès terrestres des humains. Ici ou ailleurs, le végétal a montré son étonnante plasticité ou encore sa capacité à s'immiscer dans les espaces les plus variés de la quotidienneté humaine, (co-)produisant des entrelacs hybrides. Cette propension à composer avec les hommes des collectifs emmêlés est une constance que ni le passé archéologique de l'humanité, ni davantage sa modernité ne dément. Bien au contraire ! Le défi climatique marque semble-t-il, une ère cosmopolitique dans laquelle le végétal et l'humain n'ont jamais été aussi imbriqués au point de sceller leurs devenirs respectifs et d'ériger leur interdépendance biologique en enjeux planétaires.

D'un point de vue épistémologique, il faudrait réinvestir l'anthropologie de l'interaction avec le végétal pour restituer la généreuse diversité des comportements que les plantes ont inventés au cours de leur longue histoire

---

30. S. Krief et F. Brunois-Pasina, « L'interspécificité du pharmakôn dans le parc Kibale (Ouganda) : savoirs partagés entre humains et chimpanzés ? », *loc. cit.*

31. Et de surcroît sur lequel la possession individuelle ou collective s'exerce avec difficultés vu que le végétal n'a pas le sens des frontières (biologiques et écologiques, temporelles et évolutives, spécifiques et interspécifiques) et déborde le plus souvent du contenant fixe sur lequel repose le droit possessif (les plantes coloniaires sont à ce titre d'un intérêt formidable pour repenser un droit de la propriété écologisé et intégrant la personnalité des végétaux).

32. À l'heure actuelle, il semblerait que le végétal subisse d'ailleurs et à son insu un retour du refoulé des interdits des pratiques de l'homme sur l'animal.

avec les hommes. J'avais appelé à une telle démarche sous couvert de l'ethno-éthologie en spécifiant que l'étude des comportements interactifs devait nécessairement s'étendre au végétal. Cette anthropologie de l'interaction et de la communication avec le végétal est urgente car comme le souligne Guy Kastler, les modernes sont d'ores et déjà en train de binéariser les comportements du végétal et donc de réduire la formidable complexité des formes végétales (F. Hallé). Avec Dominique Lestel, nous devons regretter que les biologistes fondent la traduction de leurs observations sur la sémantique mathématique qu'ils ont eux-mêmes élaborée hors contexte. De leurs côtés, les ethnologues vont devoir également inventer une nouvelle méthode pour intégrer les plantes aux questionnements ontologiques en interrogeant de façon plus systématique et détaillée l'intelligence que les populations non modernes prêtent aux plantes et aux relations qu'ils tissent avec elles. Ainsi, l'anthropologie sera en mesure de traduire la « sémantique » interspécifique qui se joue localement. Car, à l'inverse de la mondialisation des pratiques issue de l'ontologie naturaliste qui prône l'universalité d'une physique végétale, les pratiques des non modernes se font l'éloge du « microbisme » et inscrivent les interactions que nouent les humains et les non-humains, et donc le végétal dans un espace terrestre réel et singulier. C'est donc au travers d'une véritable écologisation des communs que l'anthropologie doit se réinventer pour être en mesure de restituer la singularité des savoir-vivre avec les plantes et des phrasés qui se murmurent sous la canopée.

Florence Brunois-Pasina
Anthropologue, CNRS

SAVOIR-VIVRE AVEC LES PLANTES : UN VIDE ONTOLOGIQUE ?

■ 21

© Luis Pasina

© Luis Pasina

# DOSSIER

# Le végétal, savoirs et pratiques

## USAGE DES OXYMORES ET PRATIQUE DES LISIÈRES

Aurélien Gabriel Cohen

**Cet article entend explorer le problème de la description adéquate de certaines pratiques agroécologiques, souvent inspirées par la permaculture, dans la manière dont elles interrogent des formes d'hybridité entre sauvage et domestique, entre maîtrise et laisser-faire. En les analysant conjointement comme des lisières entre des modes d'action et comme des usages oxymoriques des catégories de la description, on cherchera à montrer la manière dont ces pratiques du végétal mettent en travail certains dualismes structurants de la pensée moderne.**

> « Quand l'avenir se rue vers nous avec le désert aux trousses, mieux vaut sentir, dans son dos, l'aubépine plutôt qu'un mur de certitudes. »
>
> Pierre Lieutaghi, *La plante compagne*, « Le dos aux lisières »,
>
> Arles, Actes Sud, 1998, p. 84

Cet article prend sa source dans une énigme, qui a émergé lors d'une conversation avec une agricultrice francilienne. Celle-ci nous y décrivait ses pratiques, au carrefour entre paysagisme, agroforesterie et restauration écologique, comme une manière de « se tenir à la lisière[1] », dans un sens à la fois écologique et méthodologique. La formule était intrigante, mais une étrangeté solitaire ne fait pas un problème. C'est en confrontant peu à peu cet entretien à la fois avec d'autres enquêtes de terrain[2], chez des agriculteurs s'inspirant

---

1. A. Sourisseau, entretien du 5 juillet 2017, Les Monts Gardés.

2. La méthodologie de terrain que nous évoquons ici ne s'inscrit pas strictement dans les méthodes traditionnelles des sciences sociales, mais plutôt dans le champ émergent de la *field philosophy*, ainsi défini par Brett Buchanan et Dominique Lestel lors d'un récent colloque sur le sujet : « Ces dernières années ont vu l'émergence de méthodologie nouvelles dans le vaste champ des humanités environnementales. La *field philosophy* [philosophie de terrain] est récemment apparue comme un moyen de se confronter à des problèmes concrets, non pas comme une manière *ad hoc* d'appliquer des théories préétablies à une étude de cas,

de la permaculture, de l'agroforesterie et plus largement de l'agroécologie, mais également avec la littérature technique et secondaire sur le sujet, qu'une régularité est apparue : celle d'un recours récurrent à des formules contradictoires, des oxymores, pour décrire ces pratiques alternatives du végétal. L'objet de cette recherche est d'explorer les raisons et les implications théorico-pratiques de cet *usage des oxymores*, en faisant l'hypothèse que les approches agroécologiques ainsi décrites opèrent, plus ou moins explicitement, comme des mises en tension de dualismes structurants de la pensée moderne, ce que nous appelons des *pratiques de leurs lisières*[3].

Commençons par faire une courte liste de quelques-unes de ces descriptions antinomiques, à la manière d'un mélange glané au fil des lectures – *Agriculture sauvage*[4] – *Farming the woods*[5] – *Forêt-jardin*[6] – *Wild by design*[7] – et des enquêtes de terrain – *Spontané dirigé*[8] – *Agriculture réensauvagée*[9] – *Jachère productive*[10]. Ces formules constituent notre point de départ, dans la mesure où elles mettent en évidence l'émergence d'une description oxymorique depuis des pratiques expérimentant d'autres relations au végétal. Mais pour mieux comprendre ce qui se joue dans ces descriptions, il convient d'abord d'analyser plus précisément de quel usage des oxymores il est ici question.

On peut en effet isoler au moins quatre manières d'envisager la fonction philosophique des oxymores. La première de ces manières trouve son expression dans la philosophie anthropologique de Gilbert Durand et dans son concept de « cohérence antagoniste[11] ». L'oxymore y possède un rôle symptomatique, en ce qu'il met en évidence les tensions entre deux récits à l'intérieur d'une même culture, tensions dont Durand soutient qu'elles constituent en quelque sorte le point d'équilibre paradoxal et la condition de son pluralisme. Mais il nous semble que cette compréhension des oxymores ne nous permet pas de saisir ce qui se joue dans nos oxymores agroécologiques. En effet, Durand procède ainsi à une sorte de naturalisation des oppositions, en faisant de l'oxymore une « structure anthropologique de l'imaginaire »[12] qui se manifesterait à travers des forces antagonistes – ainsi l'apollinien et le dionysiaque des Grecs. Dans cette perspective, l'oxymore n'est donc pas tant, suivant notre hypothèse initiale, une mise en travail des catégories, mais plutôt l'instrument lexical permettant la révélation de lignes de force fondamentales qui traverseraient

mais comme une façon organique d'agir et de penser avec les autres, afin de mieux saisir le problème posé. Dans ce contexte, la *field philosophy* complète d'autres méthodologies de terrain, comme l'étho-ethnologie, l'ethnographie et les études multi-espèces, l'éthologie philosophique, la recherche participative au-delà de l'humain, ou les études des extinctions et de l'Anthropocène. » *Field philosophy and others experiments*, École normale supérieure, Paris, 23 et 24 juin 2017, nous traduisons.

3. Nous profitons de l'occasion pour remercier chaleureusement Agnès Sourisseau de nous avoir mis, à maints égards, sur cette piste des lisières, ainsi que Carol et Christophe LeGal pour nous avoir appris que l'on pouvait vivre « mi-sauvage » et heureux.

4. M. Fukuoka, *La révolution d'un seul brin de paille. Une introduction à l'agriculture sauvage*, Paris, G. Trédaniel, 2005.

5. K. Mudge et S. Gabriel, *Farming the woods*, Londres, Chelsea Green Publishing, 2014.

6. R. Hart, *The forest garden*, Londres, Institute for Social Inventions, 1988.

7. J. Dale et S. Dale, *Wild by design*, Lammas, beingsomewhere.net, 2013.

8. C. LeGal et C. Johnson LeGal, entretiens des 19 et 21 décembre 2017, Ferme de Millefeuilles.

9. *Ibid.*

10. *Ibid.*

11. G. Durand, *Les Structures anthropologiques de l'imaginaire*, Paris, Bordas, 1969.

12. *Ibid.*

toute culture, et autour de laquelle se distribueraient conséquemment ses mythes et ses structures sociales. Le risque théorique d'un tel usage des oxymores s'emblématise à notre sens dans la manière dont Michel Maffesoli en a tiré une vision archétypale de l'imaginaire, que l'on retrouve dans ses concepts de « socle archaïque » et « d'enracinement dynamique [13] », et, plus largement, dans le fait que tout travail sur les dualismes modernes entrepris dans cette perspective ne saurait aboutir qu'à une indistinction, qui serait le propre de la postmodernité, et dans laquelle réapparaîtrait une sagesse quelque peu irénique de « l'interaction, de la complémentarité, de la correspondance entre tous les éléments du "donné" mondain [14] ». Or, comme nous le verrons plus loin, les pratiques des lisières qui nous intéressent ne procèdent pas d'une négation générale des frontières, unifiant « l'ordre des choses » au sein d'un même « donné » phénoménologique, mais de la déstabilisation *localisée* de ces distinctions par des pratiques *situées*.

Le second type d'usage témoigne d'une approche plus poétique, mais qui n'est pas sans implications philosophiques. On en trouve un bon exemple dans l'usage surréaliste des oxymores et de toutes les rencontres lexicales incongrues. Il s'agit, face au désenchantement du réel opéré par la science positiviste, de faire émerger un surréel de la rencontre des contraires. Comme l'analyse Michel Ballabriga, « l'attitude surréaliste, qui relève d'une autre philosophie de l'existence, systématise les rapports de type oxymorique » dans une « pratique qui *vise* à abolir l'aspect contradictoire de cette perception (et non l'antonymie) [15] ». Il nous semble que le postulat métaphysique implicite de cette idée est que la poésie et l'enchantement ne peuvent désormais naître que des contradictions. Cette idée sémiotique et poétique d'une « conjonction réel-imaginaire » participe de la fabrication d'un imaginaire « qui tend à devenir réel [16] ». L'oxymore prend donc ici une fonction de contre-fiction, en réaction à la tendance mécaniste qui s'affirme dans la mise en récit finalisée de la science et de la pensée moderne comme résolution du monde. Mais les oxymores qui nous intéressent sont avant tout des descriptions de pratiques. Même si la force poétique qui naît de leur apparente contradiction peut indéniablement constituer l'une de leurs puissances secondaires, il ne s'agit pas d'imaginer des pratiques qui seraient belles précisément parce qu'elles seraient impossibles ou imaginaires, mais bien d'envisager ce que l'oxymore peut dire d'une expérience, d'une pratique qui s'actualise dans un réel qui s'en trouve justement quelque peu réanimé, enrichi de chemins et de porosités oubliées.

Une troisième manière, plus critique, de penser l'usage des oxymores a été isolée par le philosophe Bertrand Méheust. Elle consiste à les employer pour abolir toute forme de conflictualité politique en mettant une sorte de schizophrénie théorico-pratique au cœur même des formulations : tout rendre fou et flou pour brouiller les cartes idéologiques, éteindre les conflictualités

▥ 13. M. Maffesoli, « Introduction tradition et postmodernité dans l'œuvre de Gilbert Durand », *Sociétés*, vol. 123, n° 1, 2014, p. 5-10.
▥ 14. *Ibid.*
▥ 15. M. Ballabriga, *Sémiotique du surréalisme : André Breton ou la cohérence*, Toulouse, Presses Universitaires du Mirail, 1995, p. 40.
▥ 16. *Ibid.*, p. 244.

et prétendre ainsi réconcilier des irréconciliables. C'est contre cet usage des oxymores que s'élève un courant de l'écologie politique, mettant l'accent sur leur utilisation par le discours dominant pour digérer les problèmes écologiques tout en invisibilisant leur potentiel subversif. Cette critique a notamment pris pour cible la notion de développement durable, en la déconstruisant comme une tentative de « conciliation impossible[17] », c'est-à-dire comme l'illusion rhétorique d'un dépassement de « l'opposition entre deux visions profondément divergentes des relations homme-nature[18] », avec pour objectif de rendre politiquement inoffensive la critique écologique radicale du capitalisme et de son modèle de développement. Notons au passage que l'on pourrait probablement appliquer une critique analogue à certaines tendances de l'agriculture contemporaine, depuis la « révolution doublement verte[19] » jusqu'à « l'agriculture écologiquement intensive[20] », qui apparaissent davantage comme des reformulations verdies des problèmes agronomiques issus de la modernisation agricole – et donc des continuations du mouvement même de la modernisation – que comme de réelles critiques du modèle agronomique dominant, de sa manière de formuler les problèmes et de ses impasses.

Pourtant, aussi pertinente qu'elle soit dans les analyses politiques que nous venons d'évoquer, cette tradition critique n'épuise pas la question de l'usage des oxymores dans une perspective écologique. Pour comprendre ce qui se joue dans la description d'une *jachère productive* ou d'une *forêt-jardin*, c'est à un quatrième usage que nous devons faire référence. Celui-ci consiste en une utilisation descriptive et heuristique des oxymores, afin de rendre compte de pratiques qui entendent explorer des problèmes que la modernité a résolus par le partage. Ce qui rend ces pratiques oxymoriques n'est pas leur irréalisme intrinsèque, mais d'une part la nécessité de faire oxymore pour les décrire à partir des catégories et des concepts de la pensée moderne, et d'autre part le caractère perpétuellement irrésolu de ces pratiques, le fait qu'elles entendent arpenter un problème plutôt que d'appliquer une solution. C'est cette tradition, qui, à la manière du concept antinomique d'*anthropologie de la nature* de Philippe Descola, fait de l'oxymore une formule puissamment subversive, jouant avec les dualismes pour mieux rendre « manifeste une aporie de la pensée moderne en même temps qu'elle suggère une voie pour y échapper[21] ». On retrouve une utilisation analogue de la formule oxymorique chez Donna Haraway, lorsqu'elle cherche à décrire la « chorégraphie ontologique », au sens de Charis Thompson[22], qu'elle dessine avec sa chienne Cayenne lorsqu'elles pratiquent

**Une utilisation descriptive et heuristique des oxymores**

■ 17. B. Méheust, *Politique des oxymores*, Paris, La Découverte, 2014, p. 7.
■ 18. D. Bergandi et P. Blandin, « De la protection de la nature au développement durable : Genèse d'un oxymore éthique et politique », Revue d'histoire des sciences, t. 65, n° 1, 2012, p. 103-142.
■ 19. Collectif, *Vers une révolution doublement verte*, Nogent-sur-Marne, CIRAD, 1996.
■ 20. M. Griffon, *Qu'est-ce que l'agriculture écologiquement intensive ?*, Versailles, Quae, 2013.
■ 21. P. Descola, « L'anthropologie de la nature. Leçon inaugurale au Collège de France », *Annales. Histoire, Sciences Sociales*, 57ᵉ année, n° 1, 2002, p. 14.
■ 22. C. Thompson, *Making Parents : The Ontological Choreography of Reproductive Technologies*, Cambridge, MIT Press, 2005.

ensemble l'*agility*, un sport canin constitué d'un parcours d'obstacles : « Le but se résume par un oxymore : la spontanéité disciplinée. [...] La tâche consiste à devenir suffisamment cohérents dans un monde incohérent pour s'engager dans une danse conjointe des êtres qui cultive le respect et la réciprocité dans la chair, durant la course, sur le terrain. Et d'ensuite se rappeler comment étendre cette relation à tous les niveaux, avec tous les partenaires.[23] » Ici encore, c'est bien le problème de la description d'une relation qui est au cœur de l'usage de l'oxymore – description de relations non-naturalistes au vivant chez Descola, description d'une pratique multi-espèces chez Haraway, description d'expérimentations agroécologiques dans notre liste initiale. Dans les trois cas, cet usage des oxymores constitue une réponse au problème suivant : si une relation dont on fait l'expérience n'est plus pensable sur le mode du partage entre l'humain et la nature, entre celui qui dirige et celui qui obéit, ou à travers un monopole humain de la volonté et de l'action, comment raconter cette relation en usant malgré tout de concepts familiers, c'est-à-dire de concepts issus de la tradition philosophique ?

Mais cette typologie des usages fait émerger d'autres problèmes. D'abord, comment faire la différence entre les deux derniers types d'oxymores que nous avons isolés – entre ceux qui masquent les problèmes derrière des solutions et ceux qui entendent les travailler de l'intérieur ? Ensuite, comment faire le lien entre des pratiques du végétal décrites par des agriculteurs en termes oxymoriques, l'analyse par une éminente théoricienne de ses propres pratiques relationnelles à travers un oxymore, et enfin un programme théorique de refondation de l'anthropologie, qui a lui aussi besoin de faire usage des oxymores ?

Afin de préciser les modalités de résolution de ces problèmes depuis l'intérieur des expériences relationnelles qui sont à la source des oxymores, il nous semble essentiel d'analyser plus directement une pratique des lisières. L'exemple en question nous vient de la micro-ferme de Millefeuilles, en Bretagne, à quelques kilomètres du Mont-Saint-Michel, dans la commune de Saint-Georges-de-Reintembault. Depuis 2013, Carol Johnson LeGal et Christophe LeGal y expérimentent une agriculture inspirée par les principes de la permaculture, naviguant entre maraîchage, horticulture et cueillette sauvage, à la croisée de savoirs botaniques, écologiques et agricoles. La ferme de Millefeuilles est ainsi constituée d'une mosaïque d'espaces, s'étendant sur environ deux hectares, et expérimente différents gradients de rencontres et d'hybridations pratiques entre flore spontanée et plantes cultivées. C'est au sortir d'un verger, où cohabitent houblon apprivoisé, pommiers greffés et herbes sauvages, que s'étendent les jardins maraîchers. Huit rectangles entourés d'allées enherbées, principalement dédiés aux légumes annuels, et cultivés, pour trois d'entre eux, en *jachères productives*. D'abord, à la fin d'une saison de culture, Carol et Christophe y laissent monter quelques légumes à graines – navets, radis, fenouil, etc. –, permettant ainsi au végétal cultivé d'accomplir l'intégralité de son cycle de vie. De cette façon, ils se donnent la possibilité de diversifier la récolte, en cueillant par exemple les

23. D. Haraway, *Manifeste des espèces compagnes*, Paris, Éditions de l'éclat, 2010, p. 70.

feuilles ou les fruits du radis pour les incorporer à l'une des productions de la ferme, la salade sauvage, qui en devient « *mi-sauvage*[24] ». Ce cycle complet permet également aux annuelles de se ressemer, comme une manière de lâcher prise sur la question fondamentale de la maîtrise de la reproduction. Et puis, au printemps, ils laissent venir les spontanées, ces plantes que la plupart des jardiniers nomment mauvaises herbes ou adventices. « Elle est donc très productive cette jachère, expliquent-ils. Elle est très productive pour nous, notamment pour la cueillette, mais aussi pour les fonctions que les spontanées viennent remplir pour réparer les dégâts de nos activités maraîchères. » Le cycle de la jachère productive s'achève à la fin de l'été grâce à l'action des poules, gratteuses de débris, grignoteuses de cloportes et pourvoyeuses d'azote, avant que du foin et une bâche ne mettent le tout en phase d'hibernation désherbante jusqu'au printemps suivant, où l'espace sera remis en culture et où les graines d'annuelles survivantes sortiront de leur dormance.

En regard des problèmes que nous évoquions précédemment, il nous semble qu'une telle pratique, en déplaçant les représentations de ce que l'on considère comme effectivement productif, et en faisant varier les frontières qui distinguent le sauvage du domestique et le spontané du maîtrisé, ouvre de fait des possibles pratiques et théoriques – ouverture qui s'emblématise dans l'oxymore dont elle doit user pour se décrire. Autrement dit, parce que pouvoir parler de *jachère productive* nécessite d'infléchir nos pratiques, mais aussi nos distinctions et donc nos catégories descriptives, un tel usage de l'oxymore permet de libérer des puissances d'agir et de penser qui demeuraient jusque-là virtuellement *impensables et impraticables*. En l'occurrence, arpenter la lisière de la jachère et du jardin implique de renoncer à l'idée que l'action ne puisse être que *directive*, condamnée à toujours étendre sa sphère de maîtrise, pour en explorer des formes plus *inflexives*, rappelant ce que l'anthropologue André-Georges Haudricourt nommait, en référence notamment au confucianisme et à l'horticulture chinoise, une « action indirecte négative », c'est-à-dire une manière d'agir avec et sur le vivant qui ne nécessite pas de « contact permanent avec l'être domestiqué[25] », par opposition aux formes d'action « coercitives » d'une « action directe positive ». Il y a donc un lien profond, organique, entre les lisières qu'arpente une pratique et les catégories que vient mettre en travail sa description.

Néanmoins, ce que nous ont montré les différents types d'usages des oxymores, et en particulier les deux derniers, c'est que l'oxymore n'est pas la garantie d'un dépassement des dualismes, mais qu'il peut tout aussi bien en être l'invisible reconduction. Pour trouver une boussole opératoire, il semble qu'il faille caractériser le type de glissement sémantique et conceptuel produit par un oxymore – préciser, pour reprendre un terme de l'ancienne rhétorique, la logique des tropes. Un premier critère consiste à s'interroger sur l'équilibre sémantique interne à l'oxymore. Un des termes de la formule doit-il être affaibli pour que l'expression ait un sens ? Ou bien cette formule

---

24. http://millefeuilles.eklablog.fr/salade-mi-sauvage-a112528798, consulté le 16 mars 2018.
25. A. G. Haudricourt, « Domestication des animaux, culture des plantes et traitement d'autrui », *L'Homme*, vol. 2, n° 1, 1962, p. 40-50.

met-elle réellement en tension les deux termes ? Dans le second cas, l'oxymore fonctionne simultanément comme la description d'une pratique qui serait autrement indescriptible et comme l'exhibition du problème théorique de cette indescriptibilité. Autrement dit, la question devient : l'usage d'un oxymore a-t-il pour fonction de faire tenir ensemble ce qui ne tient pas ou au contraire de montrer que ça ne tient plus ?

Un second critère pour distinguer les oxymores schizophréniques de Méheust des oxymores compositionnistes de Descola et Haraway est celui de leur *praticabilité*, au sens pragmatiste d'un problème dont on peut faire l'expérience. Les oxymores dont parle Méheust cherchent en effet à tenir ensemble des problèmes dont la pratique est mutuellement exclusive – la pratique de la croissance et du développement excluant par définition celle des limites et donc de la durabilité par exemple – et à en proposer une synthèse se voulant résolutive. À l'inverse de cette quête des solutions impossibles, les oxymores de Descola, d'Haraway et de la ferme de Millefeuilles proposent une ligne de crête permettant de faire l'expérience du problème sous-tendu par la formulation oxymorique – une voie, au sens du *Dao* taoïste[26], qui sinue à l'interface entre d'apparents contraires. L'hypothèse sous-jacente rejoint celle que propose Augustin Berque lorsque, définissant son concept d'*écoumène*, il explique que le partage moderne de la nature et de la culture coupe l'humain en deux, « comme le dualisme l'avait déjà coupé des choses de l'existence[27] ». Ce qui nous intéresse dans cette formule, c'est la manière dont ce que Berque unifie sous un concept unique de dualisme – terme qui recoupe en réalité une multitude de distinctions et de partages, plus ou moins directement corrélatifs de la coupure homme/nature – empêche *a priori* certaines pratiques de se décrire, de se penser et donc de s'actualiser dans l'expérience. C'est ce lien réciproque entre les possibilités de la description et les possibilités de l'action qui permet de passer d'un usage descriptif des oxymores à une pratique des lisières, et réciproquement. Si l'on reprend l'analyse que propose Philippe Descola du concept d'anthropologie de la nature, on voit bien comment s'opère ce passage. D'une part, nous avons une description, qui signale l'aporie d'un dualisme, celui qui structure le naturalisme, et d'autre part, nous avons l'amorce d'une voie, permettant de faire de la place à d'autres schèmes relationnels et à d'autres manières d'agir, et dont la possibilité même constitue une tentative de dépassement de l'aporie. Pour autant, théorie et pratique y sont inséparables – les dualismes définitifs n'existant que dans un espace théorique abstrait, c'est-à-dire artificiellement séparé de la pratique. Si ces dualismes abstraits sont susceptibles de limiter les possibilités pratiques en bridant les puissances de l'imaginaire et de la description, il n'en demeure pas moins que leur dépassement doit s'opérer dans et par une pratique – c'est-à-dire dans des relations – sous peine de reconduire, en se formulant sous la forme d'une critique purement abstraite, une autre aporie, celle de la division entre théorie et pratique[28]. C'est, à notre sens, l'un des fondements du projet que propose

■ 26. A. Cheng, *Histoire de la pensée chinoise*, Paris, Seuil, 1997, chap. 7 « Le Dao du non-agir dans le *Laozi* ».
■ 27. A. Berque, *Écoumène : introduction à l'étude des milieux humains*, Paris, Belin, 2016, p. 17.
■ 28. Sur la généalogie de cette distinction depuis la pensée grecque et sa critique contemporaine, voir J. Dewey, *La quête de certitude*, Paris, Gallimard, 2014, chap. 1, « Échapper au péril ».

Descola, dans sa leçon inaugurale sur l'anthropologie de la nature[29], que de refuser de maintenir artificiellement la pertinence descriptive de la pensée dualiste, qui implique un travail constant de construction et de consolidation de frontières dont toute pratique devine pourtant la porosité – tout simplement parce que « les bords de la nature sont toujours en lambeaux[30] » comme le dit Whitehead. C'est également ce qui est en jeu dans la description de Donna Haraway et dans les oxymores agroécologiques que nous avons évoqués en introduction : dans tous les cas, il s'agit de décrire des pratiques relationnelles qui font effraction aux catégories de la tradition dualiste, en l'occurrence des relations aux autres vivants qui impliquent d'autres frontières entre les êtres – pratiques non naturalistes chez Descola, pratiques d'un compagnonnage multi-espèces chez Haraway, pratiques d'une « agriculture réensauvagée » à la ferme de Millefeuilles[31].

Pour autant, on aurait tort de conclure de ce rapprochement entre ces trois oxymores compositionnistes que ce qui se joue dans les pratiques serait une tentative, finalisée comme telle, de déconstruction des dualismes. Le dépassement descriptif des dualismes y est une conséquence de leur mise en tension dans l'expérience. Autrement dit, pratique des lisières et usage de l'oxymore y répondent avant tout à des problèmes pratiques – qui émergent, pour les exemples issus de l'agroécologie, d'une remise en question des relations au végétal et des formes d'action fixées par l'agronomie moderne – et pas un à agenda théorique de déconstruction des catégories de la modernité. Pour autant, cette transformation des pratiques a des conséquences philosophiques majeures, dont on voit les signes dans les dualismes qu'elles mettent au travail. Ce renversement du lien classique entre théorie et pratique a été très justement pensé par Baptiste Morizot, dans un récent article sur la pratique du pistage, et peut se résumer en une formule aphoristique : « On ne change de métaphysique qu'en changeant de pratique[32] ». Dans cette perspective, les oxymores apparaissent comme doublement heuristiques, au sens où ils constituent à la fois une étape dans un processus de création de nouveaux concepts opératoires pour penser des relations au vivant qui demeurent impensables si l'on use strictement des catégories de la tradition, et comme l'amorce de chemins pratiques à arpenter, dans un mouvement exploratoire conjoint de description et d'action. C'est ce lien pragmatique entre transformation des pratiques et réforme des catégories que nous souhaiterions maintenant examiner plus avant.

■ 29. P. Descola, art. cit.

■ 30. A. N. Whitehead, *The Concept of Nature*, Cambridge, Cambridge University Press, 1955, p. 50 (cité par P. Descola, art. cit., p. 15).

■ 31. Ce lien entre le renouveau de la description anthropologique et la permaculture, que nous avons rencontré à la fois dans des ouvrages techniques et dans les références mobilisées par des praticiens, trouve une expression emblématique dans le dernier ouvrage de l'archéologue Stéphane Rostain, dont le titre fait d'ailleurs aussi usage des oxymores, et qui propose un état des lieux des recherches récentes sur l'anthropisation historique de l'Amazonie. On y trouve en effet à la fois une préface de Philippe Descola et une postface de Charles Hervé-Gruyer, permaculteur à la Ferme du Bec-Hellouin, dans laquelle ce dernier souligne que l'ouvrage rend manifeste « la vision tronquée des Occidentaux, qui opposent "nature cultivée" et "nature sauvage" ». (p. 249). S. Rostain, *Amazonie. Un jardin sauvage ou une forêt domestiquée*, Arles, Actes Sud, 2016.

■ 32. B. Morizot, « L'art du pistage », *Billebaude*, n° 10, Grenoble, Glénat, 017, p. 37.

Quelque chose agit et s'agite sous les oxymores et les pratiques qu'ils décrivent. Il y a là comme un « bruit », ce bruit que « le moderniste » aurait oublié, en réduisant au silence les autres-que-lui, quand « le moderne » lutte encore, au prix d'un « d'un douloureux travail de séparation, de mise à distance [33] », contre sa sourde insistance. Ce bruit, c'est ce dont la *scala naturae*, puis le Grand Partage moderne, ont privé les non-humains, et les végétaux davantage encore : des puissances dynamiques de comportement, de relation et de variation [34]. Ce bruit, c'est celui d'une agentivité au-delà de l'humain, distribuée à une multitude d'êtres, et plus seulement unifiée dans le mouvement chaotique de la Nature, renvoyée à l'indistinction des buissons qui bordent l'espace déboisé, domestiqué, qui serait quant à lui celui de la clarté agentive. Dans une agriculture qui n'entend plus le bruit, l'espace de l'action ne peut être que celui qui manifeste une tension vers un monopole humain de l'agir, dont la monoculture agro-industrielle constitue le point paroxystique, par sa recherche d'une maîtrise totale de la vie du végétal, depuis la sélection variétale jusqu'aux apports des nutriments. Dans cette agriculture qui n'envisage d'autre puissance d'agir que celle des humains, rien ne doit être laissé aux hasards d'un agir naturel et spontané, trop variable et incertain [35]. Si, à l'inverse, les pratiques que nous avons décrites semblent se remettre à l'écoute de ce bruit, c'est précisément parce qu'elles intègrent conjointement une transformation ontologique majeure, celle d'une intrication des êtres au sein des systèmes écologiques et d'une agentivité distribuée au-delà de l'humain, et une revalorisation des processus biologiques spontanés, inspirée conjointement par l'écologie scientifique et politique, et dont la permaculture constitue une expression caractéristique. Cette ontologie n'est pas sans conséquence sur l'articulation, chère aux pragmatistes américains et en particulier à John Dewey, entre connaissance et action [36], entendue comme ici comme une exploration du monde sur le mode de « l'action différée [37] », c'est-à-dire comme une manière d'enquêter et de stabiliser les situations d'expérience en tant qu'elles contiennent des problèmes à résoudre. Or, si agir dans un monde séparé permet de limiter l'instabilité de l'expérience en en *fixant* théoriquement et préalablement certains aspects, agir dans une ontologie redistribuée, faite de relations, de dynamiques et de processus,

> **Quelque chose agit sous les oxymores et les pratiques qu'ils décrivent**

▪ 33. E. Hache et B. Latour, « Morale ou moralisme ? », *Raisons politiques*, vol. 34, n° 2, 2009, p. 143-165. Sur cette distinction entre moderne et moderniste voir également B. Latour, *Nous n'avons jamais été modernes. Essai d'anthropologie symétrique*, Paris, La Découverte, 1991.

▪ 34. Ces trois processus renvoient, dans les sciences du vivant, à la trilogie éthologie, écologie, évolution dont le philosophe Baptiste Morizot fait le socle du renouvellement scientifique et sensible de nos relations aux vivants. Voir B. Morizot, *Les diplomates*, Marseille, Wildproject, 2016, partie 2, chap. 5, « Un chamanisme autrement rationnel ».

▪ 35. Pour un exemple en génétique végétale de cette vision d'une imperfection intrinsèque des dynamiques biologiques et évolutives naturelles, voir l'analyse de l'article de 1944 de Jean Bustarret définissant le concept de variété dans C. Bonneuil et F. Thomas, *Gènes, pouvoirs et profits*, Versailles, Quae, 2009, chap. 2. « L'Inra maître des horloges du progrès génétique ».

▪ 36. J. Dewey, *op. cit.*

▪ 37. *Ibid.*, p. 239.

implique de penser l'action comme une *enquête*, c'est-à-dire comme une stabilisation fugace de l'expérience, toujours à reconduire. Et ce d'autant plus que cette enquête se conduit dans « un monde en immersion[38] », pour reprendre l'expression d'Emanuele Coccia, ce qui a évidemment une incidence sur la possibilité de fixer les êtres comme des objets, de les *assujettir* au sens précis où leur densité ontologique dépendrait de la présence d'un sujet capable de s'arrêter pour les fixer. C'est là ce qui semble caractériser les pratiques des lisières que nous avons évoquées. En déstabilisant dans l'expérience la pertinence des dualismes descriptifs, et en particulier, pour l'exemple de la *jachère cultivée*, ceux qui distinguent nettement le domestique du sauvage et le spontané du maîtrisé, ces pratiques impliquent conséquemment la remise en cause d'une distinction tranchée des actions afférentes, en l'occurrence celle qui voudrait que le domestique soit le domaine de la maîtrise et le sauvage celui du laisser-faire. Cela ne veut pas pour autant dire qu'il n'y a plus de distinctions qui tiennent.

On ne saurait trop se méfier, en effet, d'un remplacement hâtif du dualisme du sauvage et du domestique, par exemple, par la vision d'un monde totalement anthropogénique et intégralement domestiqué, tel que le défendent notamment les éco-modernistes[39] ou les tenants d'un *Good Anthropocene*. Il ne s'agit donc pas de soutenir que les distinctions n'ont plus de sens, mais plutôt de critiquer leur prétention à l'universel et au nomologique. Si nous ne pouvons pas tracer unilatéralement et définitivement des frontières, ce n'est pas pour une raison phénoménologique ou morale, c'est tout simplement parce que nous ne sommes pas la seule agentivité en présence, au sens ontologique et épistémologique où les vivants varient et se comportent, et sont ainsi susceptibles de faire effraction aux catégories auxquels on les assigne. Les frontières risquent donc de bouger par l'action d'un autre agir que le nôtre.

Cette pluralisation des agentivités, qui fait entrer les autres vivants dans la part active du monde, nous conduit à une vision plus poreuse et plus incertaine des frontières entre les êtres[40], si nous ne voulons pas être condamnés à inventer des techniques toujours nouvelles pour essayer de maintenir en place tous ceux qui ne cessent d'agir et de réagir[41]. S'il nous faut bien stabiliser des distinctions ontologiques pour agir, le tracé précis et circonstancié de ces frontières implique une multitude d'enquêtes historiques et situées, toujours

---

38. E. Coccia, *La vie des plantes*, Paris, Rivages, 2016, p. 47.

39. R. Beau, « Libérer les hommes et la nature ! Fantômes et fantasmes de l'écomodernisme », *Tracés. Revue de Sciences humaines*, n° 33, 2017.

40. On trouve un bel exemple de ce que cette redistribution des agentivités fait à ces frontières ontologiques dans le concept d'*interspecies resistance*, développé par Katarzyna Olga Beilin et Sainath Suryanarayanan dans le cadre d'une recherche sur l'agro-industrie en Argentine. Dans la situation qu'ils décrivent, les frontières écopolitiques partagent deux groupes agentifs, formant des alliances interspécifiques qui débordent toute catégorie préétablie : d'une part le soja OGM, Monsanto et les grands propriétaires terriens, et d'autre part des amarantes, devenues Roundup Ready par transfert de gènes, et des paysans en lutte. K. O. Beilin et S. Suryanarayanan, "The War between Amaranth and Soy. Interspecies Resistance to Transgenic Soy Agriculture in Argentina", *Environmental humanities*, vol. 9, n° 2, November 2017.

41. « Sur le plan de l'offre d'innovations techniques, les déséquilibres écologiques provoqués par la simplification excessive des systèmes de culture impliquent un effort systématique de la recherche pour trouver des solutions qui permettent d'y remédier et d'en pallier les conséquences sur les rendements. Cette dialectique entre les déséquilibres écologiques et l'effort technique pour pallier leurs effets sur les rendements explique, dans une large mesure, une série particulière d'innovations. » A. Ribeiro Romeiro, « Agriculture et progrès technique : une étude sur la dynamique des innovations », *Cahiers du Brésil Contemporain*, n° 4, 1989, p. 13.

susceptibles d'être remises en cause, et donc reconduites. C'est précisément cela, une pratique des lisières : une manière de faire varier, en fonction des situations, la séparation entre le radis que l'on récolte et celui que l'on cueille, entre l'herbe sauvage qui pousse toute seule et celle que l'on sème.

Le statut de chacun y dépend moins de ce qu'il serait de toute éternité et des lois auxquelles il est censé obéir, que de son histoire, de sa situation et des relations dans lesquels il se trouve pris dans le moment de l'expérience. Il y a pourtant quelque chose d'angoissant dans ce que déstabilise une telle proposition. C'est ce qu'analyse John Dewey lorsqu'il montre que la puissance rassurante d'une certaine vision de la science moderne, poursuivant en cela la stabilisation abstraite du réel dont on trouve les linéaments dans la tradition dualiste de la pensée grecque et dans ses lectures ultérieures, réside précisément dans sa capacité à produire de la certitude[42]. Nous saurions une bonne fois pour toutes que ce qui est là et désormais connu comme tel. Problème – ou obstacle épistémologique – suivant. Même si Latour, Callon, et à leur suite de nombreux travaux de *science studies*, ont montré que la science ne procédait pas réellement ainsi, il n'en demeure pas moins que ce schème de la certitude constitue bien la cheville qui articule, dans la pensée naturaliste occidentale, les relations entre connaissance et action en dehors des phénomènes humains[43] – la connaissance archétypale constituant le *nomos* à partir duquel doit se positionner la variabilité de l'expérience[44]. Pourtant, cette articulation prescriptive produit toute une série de disjonctions entre la certitude abstraite de la théorie et l'incertitude expérientielle de l'action. Pour l'agriculture, on trouve un exemple de ce problème de l'impossible rencontre entre simplicité théorique et complexité de l'expérience dans une enquête de la sociologue Michèle Salmona sur les souffrances liées à la modernisation chez les agriculteurs :

> [les agriculteurs] sont persuadés que les « problèmes » et « situations problèmes » qu'ils ont à solutionner du point de vue intellectuel, sont simples, comme les conseillers et formateurs le leur disent, par exemple pour faire le diagnostic des chaleurs des vaches, qui n'est pas un problème simple puisqu'il y a de nombreux signes et que ces signes ne sont pas fiables [...]. Quand les agriculteurs se trompent, ils développent un fort sentiment de culpabilité et d'incapacité/incompétence, alors qu'il est facile de se tromper et que ces erreurs ne sont pas signes d'incompétence. Ils ne se donnent plus le droit à l'erreur. Cette culpabilité, au lieu de stimuler le travail intellectuel de résolution de problème, l'alourdit et le rend plus difficile[45].

■ 42. « Le caractère spécifique de l'activité pratique, qui lui appartient au point de ne pouvoir lui être retiré, est l'incertitude qui l'accompagne. [...] On a cru toutefois que, par la pensée, les hommes pourraient échapper aux périls de l'incertitude. », J. Dewey, *op. cit.*, p. 26.

■ 43. Même si l'on retrouve aussi des tentations nomologiques dans les sciences humaines, en particulier à travers l'idée de loi naturelle, ou de loi économique.

■ 44. Sur la notion d'archétype et sa critique épistémologique, voir G. Canguilhem, *La connaissance de la vie*, Paris, Vrin, 2009, p. 203-206.

■ 45. M. Salmona, *Souffrances et résistances des paysans français*, Paris, Éditions de L'Harmattan, 1994, p. 25.

Salmona montre ici comment la diffusion descendante d'une connaissance agronomique basée sur une épistémologie nomologique[46], instituée lors de la modernisation agricole à travers une gouvernance prescriptive des régimes de savoir, produit des effets de violence symbolique intense et une profonde souffrance psychique chez les agriculteurs qui doivent mettre ces connaissances en application. Car un autre effet corrélatif de l'approche nomologique, et donc de la fixation *a priori* des données et des problèmes, c'est la simplification artificielle des situations, c'est-à-dire la réduction des variations à des déclinaisons d'une loi générale, et à l'illusion d'une maîtrise totale des systèmes agricoles grâce à leur simplification – transformant ainsi virtuellement des *agroécosystèmes* en *agrosystèmes*. Dès lors, les problèmes auxquels sont confrontés les agriculteurs dans l'expérience ne sont plus saisissables comme des manifestations d'une complexité susceptible de variation, mais comme des situations dont les déterminations et les implications pratiques ont été fixées à l'avance par la connaissance agronomique : les frontières y sont figées par une connaissance qui s'envisage comme une révélation de l'immuable, et ne sauraient donc évoluer au gré des fluctuations de l'expérience pratique.

Face à cette dichotomie problématique de la certitude et de l'incertain, ni les pratiques des lisières, ni leurs oxymores ne proposent de solution – et il faut d'ailleurs être prudent face à l'irénisme et aux visions d'Éden qui accompagnent parfois la diffusion des expérimentations agroécologiques, et en particulier de la permaculture. Ce qu'elles dessinent en revanche, c'est une redéfinition des problèmes et des pistes pour les pratiquer. Avec, en creux, la nécessité d'inventer de nouvelles descriptions pour raconter des manières de connaître et de faire qui se dérobent aux catégories de la tradition moderne pour mieux répondre à ce à quoi ces dernières ne peuvent répondre – la catastrophe écologique, l'échec des solutions techniques fixées par la modernisation agricole et la nécessité politique de repenser en conséquence nos relations aux autres vivants dans un monde partagé sans Partage. Mais, en réponse à cette angoisse de l'incertitude que nous évoquions plus haut, elles esquissent aussi la possibilité d'une joie, celle de vivre dans un monde sans cesse à redécrire. Nous utilisons ici le concept de joie dans son acception spinoziste, et plus spécifiquement dans l'interprétation qu'en propose Isabelle Stengers :

> La joie, a écrit Spinoza, est ce qui traduit une augmentation de la puissance d'agir, c'est-à-dire aussi de penser et d'imaginer, et elle a quelque chose à voir avec un savoir, mais un savoir qui n'est pas d'ordre théorique, parce qu'il ne désigne pas d'abord un objet, mais le mode d'expérience même de celui qui en devient capable. La joie, pourrait-on dire, est la signature de l'événement par excellence, la production-découverte d'un nouveau degré de liberté, conférant

> **De nouvelles descriptions pour raconter des manières de connaître et de faire**

▦ 46. A. G. Cohen, « Des lois agronomiques à l'enquête agroécologique. Esquisse d'une épistémologie de la variation dans les agroécosystèmes », *Tracés. Revue de Sciences humaines*, n° 33, 2017.

à la vie une dimension supplémentaire, modifiant par là même les rapports entre les dimensions déjà habitées. Joie du premier pas, même inquiet[47].

En cela, les pratiques des lisières et leurs descriptions oxymoriques peuvent constituer une réponse à la fois à l'impression d'un désenchantement du réel, et un remède à l'angoisse de l'incertitude. Dans la continuité de la lecture de Spinoza par Stengers, il s'agirait donc de penser l'expérience inquiète, mais joyeuse, de la complexité mouvante, comme une alternative à l'expérience angoissée, mais rassurante, de la simplification immuable. Retrouver, autrement dit, une joie de « l'événement », c'est-à-dire du surgissement et de l'imprévu. Pour le problème qui nous intéresse, cela passe par une transformation des relations à d'autres agentivités que la nôtre. Nous avons évoqué la manière dont la pratique de la *jachère productive* implique une transformation d'un imaginaire de la production et de l'action. Là où les formes de l'action agronomique passent par la privation méthodique, et toujours à renforcer, des puissances d'agir du vivant, condition de possibilité de la maîtrise et de l'agir directif, une approche comme celle de la *jachère productive* apparaît comme une manière de composer avec toutes les agentivités en présence et d'envisager aussi l'action comme l'inflexion de l'agir des autres.

C'est donc depuis un constat, celui d'une irréductible complexité des tissus de relations dans lesquels nous nous redécouvrons pris, que surgit la pertinence d'une pragmatique de l'incertitude, s'incarnant, pour les questions agroécologiques, dans ce que nous avons appelé une pratique des lisières. Ce pourrait être le sens de la fameuse formule de Donna Haraway pour notre problème – « *staying with the trouble*[48] » impliquerait non pas de maintenir indéfiniment l'indétermination, à la manière d'un postmodernisme ontologique indifférent aux nécessités de l'action, mais plutôt de suivre les frontières des dualismes, avec le trouble en tête, pour en noter les gués, en cartographier les murs, en saisir parfois la justesse du tracé, bref commencer cet infini travail d'arpentage, indispensable pour connaître et pour agir dans un monde que l'on redécouvre tremblant et incertain, mais qu'il nous faut malgré tout stabiliser le temps d'y agir. En ce sens, le trouble de l'oxymore constitue le juste miroir de l'imprécision des lisières – un récit encore flou, une cosmogonie en devenir, pour accompagner l'exploration tâtonnante de nouvelles pratiques et de nouvelles relations au vivant.

**Aurélien Gabriel Cohen**
Doctorant, Université d'Orléans / MNHN

▥ 47. I. Stengers, *Au temps des catastrophes*, Paris, La Découverte, 2009, p. 204.
▥ 48. D. Haraway, *Staying with the Trouble : Making Kin in the Cthulucene*, Durham, Duke University Press, 2016.

# DOSSIER

# Le végétal, savoirs et pratiques

## PENSER COMME UNE PLANTE : PERSPECTIVES SUR L'ÉCOLOGIE COMPORTEMENTALE ET LA NATURE COGNITIVE DES PLANTES

### Présentation

En 2005, un groupe international de botanistes fonde une nouvelle société savante, la *Société de neurobiologie végétale*. Ce nom provocateur montre clairement la volonté du groupe de tirer parti des progrès de la connaissance des mécanismes cérébraux pour détourner l'attention des biologistes vers les végétaux. Bâtissant une analogie fonctionnelle entre la physiologie des végétaux et le système neuronal, ces chercheurs en quête de légitimité décident d'explorer systématiquement les parallélismes du traitement de l'information des plantes et des animaux. Puisque les plantes respirent sans poumons, pourquoi ne penseraient-elles pas sans cerveau ?

Un tel programme de recherche répond à un vœu de Charles Darwin, qui considérait que l'architecture souterraine des racines des plantes était comparable à celle des réseaux de neurones. Approfondissant l'hypothèse des travaux exposés dans le livre publié avec son père sur *La Faculté motrice dans les plantes*[1], Francis Darwin avait ainsi déclaré le 2 septembre 1908 au Congrès annuel de la *British Association for the Advancement of Science* que « les plantes sont des êtres intelligents », suscitant le scandale. La forme frondeuse de la terminologie des chercheurs de la *Société de neurobiologie végétale* s'inscrit donc dans une longue tradition. Une fois la controverse née de sa création retombée, la *Société de neurobiologie végétale* choisit pourtant de se renommer en 2009 pour devenir la *Société pour la signalisation et le comportement des plantes*. Mais à l'Université de Florence, le département scientifique du phytobiologiste Stefano Mancuso, porte-parole historique de ce mouvement, porte toujours le nom de *Laboratoire international de neurobiologie végétale*.

Monica Gagliano était écologue, spécialiste de biologie marine, avant de travailler avec Stefano Mancuso. Sa contribution au nouveau champ de recherche

■ 1. http://gallica.bnf.fr/ark:/12148/bpt6k5683513x.texteimage.

s'enracine dans son excellente connaissance des protocoles expérimentaux d'étude des comportements animaux. Cela ne l'a pas empêchée de se heurter à franches oppositions. Ainsi, lorsqu'elle a voulu démontrer l'hypothèse d'une communication acoustique entre les plantes[2], a-t-elle rencontré des difficultés pour publier ses résultats. De même les conclusions des expériences qu'elle a développées sur l'habituation végétale chez la sensitive, MIMOSA PUDICA, ont-elles été accueillies avec un certain scepticisme, même si la démonstration expérimentale des mécanismes qu'elle met en évidence, aujourd'hui célèbre, ne fait aucun doute[3]. La compétence d'apprentissage associatif du végétal, qui a fait l'objet d'un article publié dans *Nature*, a été tout aussi âprement discutée : mais la mise en évidence de la capacité expérimentale des petits pois à anticiper la survenue de la lumière en fonction d'un signe artificiel associé, en l'occurrence le souffle du vent, s'est avérée, elle aussi, robuste[4].

L'article « In a green frame of mind : perspectives on the behavioural ecology and cognitive nature of plants », publié dans *AoB Plants* en 2015[5] et traduit ici de l'anglais par Hicham-Stéphane Afeissa, n'évoque guère ces résistances. À vrai dire, en quinze ans, la réception du travail de Monica Gagliano a changé. Et si chacune de ses nouvelles recherches déplace le front du scepticisme, aucune de ses expériences passées n'a été invalidée, tant et si bien que s'accumulent désormais des résultats qui se consolident les uns les autres. La réponse de Monica Gagliano aux résistances qu'elle rencontre a donc consisté à multiplier de nouveaux protocoles dans des champs voisins pour dessiner un tableau expérimental de plus en plus complet des capacités cognitives et comportementales des plantes, et à lier la recherche scientifique sur l'intelligence des plantes aux investigations éthiques et politiques sur le statut du végétal[6].

Face à cette investigation méthodique, deux pistes au moins s'offrent aux philosophes. La première, celle qu'empruntent les collaborateurs philosophes les plus proches de Monica Gagliano, est de démêler les savoirs sur les plantes des nombreux pièges épistémologiques dans lesquels ils se trouvent empêtrés. L'analyse conceptuelle doit permette de comparer les cadres théoriques des expériences concernant la mémoire des plantes, leur capacité d'apprendre, de communiquer ou de faire des choix, avec celles qui décrivent les facultés comparables des animaux et des êtres humains. Elle doit aussi conduire éventuellement à réinterroger les principes éthiques et politiques des relations des êtres humains avec les plantes et avec les animaux.

---

■ 2. Jacques Tassin rapporte ainsi que la revue *PLoS One* lui adressa les commentaires de sept relecteurs et lui demanda de répéter son expérimentation, *À quoi pensent les plantes ?*, Paris, Odile Jacob, 2016 ; M. Gagliano, M. Renton, N. Duvdevani, M. Timmins et S. Mancuso « Out of sight but not out of mind : alternative means of communication in plants », PLoS One 7(5), e37382, 2012, http://www.plosone.org/article/.

■ 3. M. Gagliano, M. Renton, M. Depczynski et S. Mancuso, « Experience teaches plants to learn faster and forget slower inenvironments where it matters », *Oecologia*, 175, 2014, p. 63-72 ; DOI 10.1007/s00442-013-2873-7.

■ 4. M. Gagliano, V. V. Vyazovskiy, A. A. Borbély, M. Grimonprez et M. Depczynski, « Learning by association in plants. Scientific Reports », *Nature*, 2016, 6 : 38427, http://www.nature.com/articles/srep38427.

■ 5. M. Gagliano, « In a green frame of mind : perspectives on the behavioural ecology and cognitive nature of plants », *AoB Plants*, 7, 2015, plu075. http://aobpla.oxfordjournals.org/content/7/plu075.

■ 6. A. Pelizzon, M. Gagliano « The sentience of plants : toward a new regime of plant rights, or the intersection of animal rights and rights of nature ? », *AAPLJ*, 11, 2015, p. 5-13 ; P. Gibson et M. Gagliano « The feminist plant : changing relations with the water lily », *Ethics and the Environment*, 22, 125-147 ; http://www.jstor.org/stable/10.2979/ethicsenviro. 22.2. 06.

Le second chemin invite à une double mise en perspective de ces résultats : d'abord à la relocalisation des compétences de plantes isolées au laboratoire dans la trame des relations écologiques situées, de façon à approcher au plus près l'ontologie végétale ; puis à réinsérer les recherches expérimentales de neurobiologie végétale dans le concert des usages réglés des analogies entre les végétaux, les animaux, les êtres humains. Dans bien des collectifs non modernes, l'affirmation du principe d'une communication avec, des, ou par les plantes est un l'élément essentiel du savoir-vivre avec le végétal et ne saurait passer pour une découverte. Et si l'analogie du comportement des plantes avec celui des animaux ou des êtres humains est bien différente, elle n'en est pas moins régie par des règles bien précises. Ce ne sont pas des rêveries informes. En Guyane, les Wayãpi nouent avec MIMOSA PUDICA des relations très particulières, liées à la drôle de conduite de cette plante. Le mimosa s'y dit *yiwãyi*, de *yiwãs, bras*, et de *yi*, se contracter. Un tout autre type de relation que celui des villageois Srê au Vietnam, obligés de déplacer leurs maisons à cause du caractère envahissant du « même » MIMOSA PUDICA, qui se dit *lô : ' meo*, « épine-chat ». Les progrès de la neurobiologie végétale nous invitent donc autant à redéfinir les liens des sciences du vivant avec la philosophie de l'esprit qu'à tisser de nouvelles relations entre la botanique et l'anthropologie. Y a-t-il un moyen de construire des ponts épistémologiques robustes entre la neurobiologie végétale et la cosmopolitique des savoir-vivre avec les plantes, décrite par l'anthropologie ?

**Aliènor Bertrand**

# PENSER COMME UNE PLANTE : PERSPECTIVES SUR L'ÉCOLOGIE COMPORTEMENTALE ET LA NATURE COGNITIVE DES PLANTES

Monica Gagliano

Il est de plus en plus admis que les plantes sont des organismes très sensibles qui perçoivent, évaluent, apprennent, se souviennent, résolvent des problèmes, prennent des décisions et communiquent entre eux en acquérant activement de l'information sur leur environnement. Cependant, le fait que de nombreux comportements sophistiqués des plantes révèlent des compétences cognitives qui sont généralement attribuées à l'homme et à certains animaux non-humains, n'a pas été bien évalué. Cet article a pour but d'exposer les obstacles théoriques qui ont empêché de tester expérimentalement de tels phénomènes comportementaux/cognitifs chez les plantes.

## La perception et la cognition comme caractéristiques évolutives essentielles des systèmes vivants

Tout ce qu'un organisme vivant sait du monde lui parvient par l'intermédiaire des sens. Mettre en jeu une diversité d'organes sensoriels et de systèmes de transduction de signaux (i. e. les schémas de stimulus-réponse[1]) pour sentir l'environnement avoisinant, et adopter les réponses adaptatives appropriées en vue de survivre et de proliférer au sein de toute une gamme de niches écologiques – une telle tâche, bien plus complexe qu'il n'y paraît, constitue le défi le plus crucial que doivent relever tous les organismes. Le processus complet consistant à recevoir, organiser et interpréter cette énorme variété d'informations culmine dans ce que l'on appelle d'ordinaire la perception. Cette dernière façonne fondamentalement les choix, les décisions et les actions des organismes, et détermine à ce titre une caractéristique essentielle du vivant. Sur le plan évolutif, un lien étroit entre la perception et la réalité constitue un avantage dans la mesure où il permet l'obtention d'une information précise portant sur le monde dynamique alentour rempli de dangers potentiels, où la plus petite erreur peut parfois avoir des conséquences fatales.

On pourrait donner une illustration frappante de l'importance de l'étroitesse du lien entre la perception et la réalité en évoquant la façon dont

---

1. G. Clark, G. Thompson, J. Roux, S. Roux, « Signal transduction mechanisms in plants : an overview », *Current Science*, vol. 80, n° 2, 2001, p. 170-177.

nous circulons de bon matin au milieu du flot des voitures sur le chemin du travail, en freinant et en donnant les coups de volant qu'il faut au bon moment ; mais ce même lien fait bien entendu valoir son importance dans toutes les interactions que les organismes sont susceptibles d'avoir avec leur environnement, qu'ils soient à la recherche d'un abri ou de nourriture, qu'ils s'efforcent de fuir des prédateurs ou de protéger leur descendance, etc.

De façon paradoxale, l'information sur le monde est presque toujours déformée parce que les expériences passées et les attentes d'un organisme colorent immanquablement la perception de la réalité actuelle – par où se confirme l'idée que chaque organisme vit ultimement dans son mode perceptif subjectif (i. e. la notion d'« *Umwelt* » de von Uexküll[2]). Ceci étant dit, tout défaut d'ajustement entre la réalité et la perception que l'on en a est rectifié de façon très opportune par les composantes cognitives mêmes (e. g. la mémoire, l'apprentissage, la prise de décision) qui influencent la manière dont un organisme perçoit le monde extérieur. L'existence de cette interaction continue de capacités perceptives et cognitives met en évidence le fait que la division entre les deux systèmes est peut-être moins tranchée qu'on ne le pense (à telle enseigne que certains chercheurs n'hésitent pas à mettre en doute la pertinence d'une telle distinction[3]).

Au cours des vingt-cinq dernières années, l'intérêt de la psychologie cognitive en écologie comportementale, et, de manière plus explicite, le rôle que la cognition joue dans la réalisation de nombreux comportements au sein du règne non-humain, a attiré l'attention de chercheurs de plus en plus nombreux[4]. L'intégration des approches psychologiques et biologiques aux études cognitives portant sur les non-humains – la recherche en cognition numérique, par exemple –, a montré que plusieurs espèces au sein du règne animal sont capables de compter et de maîtriser de nombreuses compétences numériques, incluant la discrimination numérique, l'organisation ordinale et l'arithmétique[5], lesquelles se révèlent utiles pour l'élaboration des stratégies d'accouplement, de navigation, de forage ou de butinage, et de prise de décision visuelle[6]. De la même manière, de nombreuses preuves

▪ 2. J. von Uexküll, *Mondes animaux et monde humain*, 1934 ; trad. fr. éd. Denoël, 1965 ; rééd. *Milieu animal et milieu humain*, Paris, Rivages, 2010.
▪ 3. M. Tacca, « Commonalities between perception and cognition », *Frontiers in Psychology*, 2, 2011, p. 358 ; A. Cahen, M. Tacca, « Linking perception and cognition », *Frontiers in Psychology*, 4, 2013, p. 144.
▪ 4. S. Yoerg, « Ecological frames of mind : the role of cognition in behavioral ecology », *Quarterly Review of Biology*, vol 66, 1991, p. 287–301 ; S. Shettleworth, « Animal cognition and animal behaviour », *Animal Behaviour*, 61, 2001, p. 277–286 ; P. Calvo, F. Keijzer, « Cognition in plants », *in* F. Baluška, (dir.), *Plant-environment interactions : signaling and communication in plants*, Berlin, Springer, 2009, p. 247–266.
▪ 5. H. Davis, R. Perusse, « Numerical competence in animals : definitional issues, current evidence, and a new research agenda », *Behavioral and Brain Sciences*, 11, p. 561–615, 1988 ; E. Brannon, J. Roitman, « Nonverbal representations of time and number in animals and human infants », *in* W. Meck (dir.), *Functional and neural mechanisms of interval timing*, Boca Raton, FL CRC Press, 2003, p. 143–182 ; D. Shaun, F. Jordan, G. Vallortigara, N. Clayton, « Origins of spatial, temporal and numerical cognition : insights from animal models », *Trends in Cognitive Science*, 14, 2010, p. 477-481.
▪ 6. M. Dacke, W. Srinivasan, « Evidence for counting in insects », *Animal Cognition*, 11, 2008, p. 683-689 ; G. Vallortigara, L. Regolin, C. Chiandetti, R. Rugani, « Rudiments of mind : number and space cognition in animals », *Comparative Cognition and Behavior Reviews*, 5, 2010, p. 78-99 ; N. Bar-Shai, T. Keasar, A. Shmida, « The use of numerical information by bees in foraging tasks », *Behavioral Ecology*, 2011, n° 22, p. 317–325 ; P. Carazo, R. Fernández-Perea, E. Font, « Quantity estimation based on numerical cues in the mealworm beetle (*Tenebrio molitor*) », *Frontiers in Psychology*, 3, 2012, p. 502 ; X. Nelson, R. Jackson,

expérimentales ont à présent établi que l'apprentissage social, par exemple, joue un rôle important dans le développement du comportement au sein d'une large gamme de groupes taxonomiques, incluant les mammifères, les oiseaux, les poissons, les insectes[7], et, dernièrement, les plantes elles-mêmes[8]. Par contraste avec l'apprentissage asocial (e. g. par essai et erreur), l'apprentissage par observation des autres ou par interaction avec eux peut offrir un moyen commode d'obtenir une information de valeur sur le monde[9]. En effet, un tel mode d'apprentissage comporte des implications écologiques et évolutives décisives en ce qu'il peut déboucher par exemple sur un comportement collectif permettant à un groupe d'individus de résoudre des problèmes cognitifs allant au-delà des capacités d'un individu isolé (i. e. l'intelligence distribuée)[10], facilitant par là même le comportement altruiste à l'égard des individus familiers au travers de la reconnaissance de parentèle[11] et, de manière plus générale, assurant la promotion de la coopération au sein d'un groupe d'individus, laquelle se traduit par une meilleure détection des prédateurs, un accès à des ressources de plus grande qualité, une augmentation des chances de survie des jeunes, etc[12].

« The role of numerical competence in a specialized predatory strategy of an araneophagic spider », *Animal Cognition*, 15, 2012, p. 699-710.

■ 7. C. Brown, K. Laland, « Social learning in fishes : a review », *Fish and Fisheries*, 4, 2003, p. 280-288 ; E. Leadbeater, L. Chittka « The dynamics of social learning in an insect model, the bumblebee (*Bombus terrestris*) », *Behavioural Ecology and Sociobiology*, 61, 2007, p. 1789-1796 ; W. Hoppitt, K. Laland, « Social processes influencing learning in animals : a review of the evidence », *Advances in the Study of Behavior*, 38, 2008 p. 105-165 ; A. Thornton, T. Clutton-Brock, « Social learning and the development of individual and group behaviour in mammal societies », *Philosophical Transactions of the Royal Society : B Biological Sciences*, 366, 2011, p. 978-987 ; T. Guttridge, S. van Dijk, E. Stamhuis, J. Krause, S. Gruber, C. Brown « Social learning in juvenile lemon sharks *Negaprion brevirostris* », *Animal Cognition*, 16, 2013, p. 55-64.

■ 8. F. Baluška, S. Mancuso, « Plant neurobiology as a paradigm shift not only in the plant sciences », *Plant Signalling and Behavior*, 2007, n° 2, p. 205–207 ; J. Gershenzon, « Plant volatiles carry both public and private messages », *Proceedings of the National Academy of Sciences of the USA*, 104, 2007, p. 5257-5258.

■ 9. C. Heyes, « Social learning in animals : categories and mechanisms », *Biological Review*, 69, 1994, p. 207-231 ; L. Rendell, L. Fogarty, W. Hoppitt, T. Morgan, M., Webster, K. Laland, « Cognitive culture : theoretical and empirical insights into social learning strategies », *Trends in Cognitive Sciences*, 15, 2011, p. 68-76 ; voir aussi la discussion par K. Laland, « Social learning strategies », *Learning and Behavior*, 32, 2004, p. 4-14.

■ 10. Concernant les animaux, J. Krause, G. Ruxton, S. Krause, « Swarm intelligence in animals and humans », *Trends in Ecology and Evolution*, 25, 2010, p. 28-34 ; concernant les plantes, voir F. Baluška, S. Lev-Yadun, S. Mancuso, « Swarm intelligence in plant roots », *Trends in Ecology and Evolution*, 2010, n° 25, p. 682-683 ; M. Ciszak, D. Comparini, B. Mazzolai, F. Baluska, T. Arecchi, T. Vicsek, S. Mancuso, « Swarming behavior in plant roots », *PLoS One*, 7, 2012, e29759.

■ 11. J. Komdeur, B. Hatchwell, « Kin recognition : function and mechanism in avian societies », Trends in Ecology and Evolution, 14, 1999, p. 237-241 ; Z. Tang-Martinez, « The mechanisms of kin discrimination and the evolution of kin recognition in vertebrates : a critical re-evaluation », Behavioral Processes, 53, 2001, p. 21–40 ; S. Dudley, A. File, « Kin recognition in an annual plant », Biology Letters, 3, 2007, p. 435-438 ; J. Frommen, C. Luz, T. Bakker, « Kin discrimination in sticklebacks is mediated by social learning rather than innate recognition », Ethology, 113, 2007, p. 276–282 ; C. Villavicencio, N. Marquez, R. Quispe, R. Vasquez, « Familiarity and phenotypic similarity influence kin discrimination in the social rodent Octodon degus », Animal Behaviour, 78, 2009, p. 377-384.

■ 12. S. Simard, D. Perry, M. Jones, D. Myrold, D. Durall, R. Molina, « Net transfer of carbon between ectomy-corrhizal tree species in the field », *Nature*, 388, 1997, p. 579-582 ; S. West, I. Pen, A. Griffin, « Cooperation and competition between relatives », *Science*, 296, 2002, p. 72-75 ; L. Hayes, A. Chesh, R. Castro, L. Tolhuysen, J. Burger, J. Bhattacharjee, L. Ebensperger, « Fitness consequences of group living in the degu Octodon degus, a plural breeder rodent with communal care », *Animal Behaviour*, 78, 2009, p. 131–139 ; G. Murphy, S. Dudley « Kin recognition : competition and cooperation in Impatiens (Balsaminaceae) », *American Journal of Botany*, 96, 2009, p. 1-7 ; A. Beckerman, S. Sharp, B. Hatchwell « Predation and kin-structured populations : an empirical perspective on the evolution of cooperation », *Behavioral Ecology*, 22, 2011, p. 1294–1303 ; O. Falik, Y. Mordoch, L. Quansah, A. Fait, A. Novoplansky, « Rumor has it… : relay communication of stress cues in plants », *PLoS One*, 6, 2011, e23625.

En tout état de cause, il y aurait quelque chose d'étonnant à ce que les organismes ne soient pas équipés de mécanismes adaptés à capter une variété d'informations sensorielles provenant du monde environnant (i. e. le système perceptif), à les coder en signaux ordinaires capables de mettre en branle ponctuellement les différentes parties du corps (i. e. le système cognitif) en vue de produire en retour des actions précises et l'ensemble des manifestations comportementales associées que l'on observe chez tous les organismes vivants. Le vrai défi est de réussir à franchir la frontière taxonomique traditionnelle et d'aller au-delà du règne animal pour mettre à jour les mécanismes biophysiques et physiologiques qui sous-tendent ce processus de « traduction », et pour explorer la diversité phylogénétique de ces mécanismes dans une perspective théorique unifiée.

Dans l'article qui suit, je souhaiterais suggérer que le moment est venu d'une étude systématique des capacités cognitives des plantes. Plus précisément, je souhaiterais (1) mettre en lumière les difficultés théoriques associées à l'étude de la cognition chez les organismes non-humains (incluant les plantes) et proposer des approches alternatives pour mener à bien la recherche cognitive, et (2) faire l'inventaire des preuves établissant la réalité de la cognition des plantes, en présentant quelques exemples récents d'études dédiées aux plantes qui pourraient servir de points de départ pour une approche plus compréhensive de l'étude de la biologie cognitive au sein du règne non-humain.

## Repères théoriques pour l'étude de la cognition des plantes

En raison de sa dépendance traditionnelle à l'égard de la psychologie humaine, l'étude moderne de la cognition suppose, dans une mesure plus ou moins grande, que les capacités cognitives humaines constituent le modèle standard en fonction duquel toutes les théories doivent être élaborées. Un tel raisonnement repose massivement sur la prémisse selon laquelle le cerveau et le système neuronal sont requis pour la réalisation du processus computationnel complexe qui sous-tend des facultés telles que l'anticipation, la conscience, la mémoire, l'autoréférence, la motivation, la prise de décision, l'apprentissage, la communication et quelques autres encore, lesquelles sont, généralement parlant, les attributs de ce que nous appelons l'esprit.

Prendre la cognition humaine comme modèle de tout examen des caractéristiques cognitives présentes chez les non-humains revient à adopter une posture anthropocentrique et à interpréter la réalité dont ils font l'expérience exclusivement en termes de valeurs et de perception humaines (i. e. anthropomorphisme). À notre décharge, l'attribution aux non-humains de qualités et d'états mentaux propres aux êtres humains ne trahit pas forcément de notre part une habitude invétérée (e. g. la personnification des animaux, des phénomènes naturels ou des déités depuis des millénaires), mais une caractéristique « ancrée » dans notre biologie[13]. Les études de

▥ 13. C. Press, « Action observation and robotic agent : learning and anthropomorphism », *Neuroscience and Biobehavioral Reviews*, 35, 2011, p. 1410-1418.

neuro-imagerie, par exemple, ont montré que les êtres humains répondent plus fortement à l'observation des mouvements des autres êtres humains qu'à ceux des non-humains[14]. Il vaut d'être noté, toutefois, que l'observation des robots humanoïdes (construits dans le but de ressembler au corps humain) peut provoquer les mêmes réponses dans notre système neuronal – attestant que nos cerveaux ne peuvent (littéralement) pas s'empêcher d'attribuer des caractéristiques humaines aux autres lorsque leurs actions ressemblent aux actions des êtres humains[15]. Ces études ont révélé que notre compréhension des caractéristiques comportementales et cognitives des non-humains est au moins en partie liée à notre perception des mouvements. Malheureusement, cette connexion instinctive entre la cognition et les mouvements de style humain exclut les espèces qui réalisent elles aussi des prestations analogues mais de manière complètement différente.

En résumé, il importe de bien voir que les constructions théoriques issues de cette disposition neuronale nous condamnent à juger le comportement des autres espèces de façon subjective et, plus grave encore, à méconnaître les capacités cognitives que possèdent certaines d'entre elles (e. g. les organismes dépourvus de système neurologique et apparemment incapables de se déplacer, tels que les plantes) et qui leur permettent de résoudre les problèmes qu'elles rencontrent et de survivre[16].

L'élargissement de la perspective biologique pour l'étude de la cognition apparaît comme un bon moyen pour nous départir de nos tendances anthropocentriques. Tel est le sens de l'entreprise du biologiste chilien Humberto Maturana, lequel a suggéré que les organismes pourraient être considérés comme partie intégrante de la niche environnementale avec laquelle ils interagissent, et la niche elle-même comme étant déterminée par le système vivant qui le spécifie[17]. Selon cet auteur, le domaine de ces interactions définit le domaine cognitif, en entendant par « cognition » l'organisation des fonctions et des comportements effectifs qui rendent possible toute une gamme d'interactions et assurent la continuité de la production des interactions ultérieures. Dans cette perspective, la cognition ne doit pas être tenue pour une « propriété » d'un organisme mais plutôt pour un « processus » dynamique d'interactions au sein du système organisme/environnement.

> **On considère d'ordinaire que le comportement des plantes est stéréotypé**

Dès lors que l'on considère la cognition comme un phénomène biologique naturel contribuant au maintien dans l'existence des organismes au sein d'environnements en changement permanent, il devient loisible d'envisager

14. L. Oberman, J. McCleery, V. Ramachandran, J. Pineda, « EEG evidence for mirror neuron activity during the observation of human and robot actions : towards an analysis of the human qualities of interactive robots », *Neurocomputing*, 70, 2007, p. 2194–2203.

15. V. Gazzola, G. Rizzolatti, B. Wicker, C. Keysers, « The anthropomorphic brain : the mirror neuron system responds to human and robotic actions », *Neuroimage*, 35, 2007, p. 1674-1684.

16. D. Griffin, *The question of animal awareness*, New York, Rockefeller University Press, 1976 et K. Warwick, *QI : the quest for intelligence*, London, Piatkus 2000.

17. H. Maturana, « Biology of cognition », *in* H. Maturana, F. Varela (dir.), *Autopoiesis and cognition : the realization of the living*, Dordecht, D. Reidel Publishing Co, 1970, p. 5-58.

la cognition chez les êtres humains comme chez les non-humains tels que les plantes comme un processus fonctionnel compris dans le contexte de la continuité phylogénétique[18]. De cette manière, la cognition ne se ramène pas à la présence d'un système nerveux ; il se peut que le système nerveux permette d'étendre la portée des actions et des interactions potentielles d'un organisme, mais il ne suffit pas à engendrer par lui-même la cognition.

Indépendamment de tout système nerveux, la présence de la cognition chez les organismes vivants et l'étendue du registre de leurs capacités cognitives peuvent être compris comme l'aboutissement d'un processus continu d'évolution et le résultat de la sélection naturelle[19], justifiant par là même l'élaboration d'un modèle capable d'unifier une grande diversité d'expressions des prestations cognitives élémentaires communes à tous les systèmes vivants.

## Les preuves existantes de la cognition chez les plantes

Les procédés plus ou moins complexes grâce auxquels les animaux perçoivent leur environnement, y poursuivent un processus d'apprentissage et partagent les informations recueillies en communiquant les uns avec les autres, ont de longue date fait l'objet d'étude scientifique. Il est à présent bien établi que le comportement animal est plus sophistiqué que nous ne le pensions, et que même des réflexes simples (que certains continuent de qualifier de « non cognitifs ») reposent sur les structures cognitives souples et hautement différenciées dont dépend tout « apprentissage supérieur »[20].

Les plantes font elles aussi l'objet d'une étude scientifique – la recherche comportementale –, mais cette dernière n'est pas aussi avancée que celle dédiée aux animaux et ne jouit pas de la même reconnaissance académique. De manière générale, on considère d'ordinaire que le comportement des plantes est stéréotypé, qu'il est affecté d'une sorte de raideur et d'inflexibilité ; et même lorsque les plantes font preuve de certaines compétences cognitives, telles que la capacité à apprendre, leur capacité d'apprentissage est immédiatement ravalée au rang d'une tendance programmée génétiquement. Même si les mécanismes cognitifs des plantes sont toujours en attente d'être identifiés dans leur détail, les preuves de la réalité d'une cognition des plantes ont commencé à être réunies, suggérant que les plantes sont des organismes bien plus sophistiqués que nous ne le pensions.

Au cours de ces dernières années, les preuves expérimentales de la réalité de la cognition des plantes se sont rapidement accumulées[21]. Ces

■ 18. Cf. « L'approche biogénique », P. Lyon, « The biogenic approach to cognition », Cognitive Processing, 7, 2005, p. 11-29.
■ 19. Ibid.
■ 20. S. Shettleworth, « Animal cognition and animal behaviour », Animal Behaviour, 61, 2001, p. 277-286.
■ 21. J. Runyon, M. Mescher, C. De Moraes, « Volatile chemical cues guide host location and selection by parasitic plants », Science, 313, 2006, p. 1964-1967 ; R. Karban, K. Shiojiri, « Self-recognition affects plant communication and defense », Ecology Letters, 12, 2009, p. 502-506 ; G. Murphy, S. Dudley, « Kin recognition : competition and cooperation in Impatiens (Balsaminaceae) », op. cit ; A. Broz, C. Broeckling, C. De-la-Peña, M. Lewis, E. Greene, R. Callaway, L. Sumner, J. Vivanco, « Plant neighbor identity influences plant biochemistry and physiology related to defense. », BMC Plant Biology, 10, 2010, p. 115 ; M. Heil, R. Karban, « Explaining the evolution of plant communication by airborne signals », Trends in Ecology and Evolution, 25, 2010, p. 137-144 ; R. Bastien, T. Bohr, B. Moulia, S. Douady, « Unifying model of shoot gravitropism reveals

dernières ont révélé que la conscience perceptive que les plantes ont de l'information contenue dans l'environnement où elles évoluent commande leurs expressions comportementales, et elles ont montré qu'un grand nombre de leurs prestations comportementales, associées à quelques autres capacités cognitives, se prêtent en fait facilement à l'observation.

L'étude que j'ai conduite, par exemple, portant sur l'habituation comprise comme procédé d'apprentissage chez les *Mimosa pudica*[22], a mis au jour une conscience perceptive, des comportements d'apprentissage et une mémoire chez cette espèce. D'autres études récentes, telles que celle de Dudley et File en 2007[23] et celle de Karban *et al.* en 2013[24], ont démontré avec élégance la capacité des plantes à évaluer la relation de parentèle, à exercer une discrimination entre les descendants et les non descendants situés au-dessus et au-dessous du sol, et à réserver aux uns et autres, en fonction du degré de parenté, un traitement différent par l'émission de toutes sortes de signaux[25]. Nous savons par exemple que chez certaines espèces un évitement sélectif des interactions compétitives inutiles se produit entre individus génétiquement identiques[26], mais également chez les individus génétiquement différents qui demeurent toutefois assez proches l'un de l'autre[27]. La preuve a également été faite que les plantes captant les signaux volatils émis par d'autres plantes obtenues par bouturage étaient moins exposées aux risques de leur environnement que les autres. L'étude conduite par Karban et Shiojiri[28] a démontré les bénéfices que pouvaient tirer les plantes de leur interaction avec leur parentèle, révélant l'existence d'un compromis évolutif dans la sélection de parentèle des plantes.

Quoi qu'il en soit, l'ajustement de l'enracinement sous-terrain ou de la taille de la plante au-dessus de la terre en réaction à la présence de voisins, et de manière plus générale la capacité à percevoir la présence de voisins dans un environnement donné, ne suffit pas à garantir la réponse adaptative la plus appropriée en vue de survivre[29]. L'appropriation d'une réponse dépendant des circonstances dans lesquelles se trouve un organisme à un

proprioception as a central feature of posture control in plants », *Proceedings of the National Academy of Sciences of the USA*, 2013, n° 110, p. 755–760 ; S. Dudley, G. Murphy, A. File, « Kin recognition and competition in plants », *Functional Ecology*, 27, 2013, p. 898–906 ; M. Gagliano, M. Renton, M. Depczynski, S. Mancuso, « Experience teaches plants to learn faster and forget slower in environments where it matters », *Oecologia*, 175, 2014, p. 63–72 ; E. Gianoli, F. Carrasco-Urra, « Leaf mimicry in a climbing plant protects against herbivory », *Current Biology*, 24, 2014, p. 984–987 ; M. Semchenko, S. Saar, A. Lepik, « Plant root exudates mediate neighbour recognition and trigger complex behavioural changes », *New Phytologist*, 204, 2014, p. 631-637, et bien d'autres encore.

■ 22. M. Gagliano, M. Renton, M. Depczynski, S. Mancuso, « Experience teaches plants to learn faster and forget slower in environments where it matters », *op. cit.*

■ 23. S. Dudley, A. File, « Kin recognition in an annual plant », *op. cit.*

■ 24. R. Karban, K. Shiojiri, S. Ishizaki, W. Wetzel, R. Evans, « Kin recognition affects plant communication and defence », *Proceedings of the Royal Society B Biological Sciences*, 280, 2013, DOI : 10.1098/rspb. 2012.3062.

■ 25. M. Biedrzycki, H. Bais, « Kin recognition in plants : a mysterious behaviour unsolved », *Journal of Experimental Botany*, 61, 2010, p. 4123-4128.

■ 26. C. Holzapfel, P. Alpert, « Root cooperation in a clonal plant : connected strawberries segregate roots, *Oecologia*, 134, 2003, p. 72-77 ; M. Gruntman, A. Novoplansky, Physiologically mediated self/non-self-discrimination in roots », *Proceedings of the National Academy of Sciences of the USA*, 101, 2004, p. 3863–3867.

■ 27. S. Dudley, A. File, « Kin recognition in an annual plant », *op. cit.*

■ 28. R. Karban, K. Shiojiri, « Self-recognition affects plant communication and defense », *op. cit.*

■ 29. A. Novoplansky, « Picking battles wisely : plant behaviour under competition », *Plant, Cell and Environment*, 32, 2009, p. 726-741 moment précis et des interactions prévisibles à venir, les plantes doivent pouvoir établir où elles se situent dans le contexte de leur environnement physique et en relation aux autres organismes. Bien que de nombreux aspects importants de la façon dont les plantes parviennent à le faire demeurent à ce jour encore mal compris, c'est un fait que les plantes, à l'instar des animaux, possèdent assurément un tel « sens du lieu » et une telle conscience du voisinage où elle se trouve[30].

Plusieurs études ont démontré que les plantes sont capables de s'orienter elles-mêmes en collectant des informations à la fois à partir des signaux produits par l'organisme lui-même (orientation idiothétique), telles que la proprioception et la posture corporelle[31] et de signaux externes (orientation allothétique). Plus spécifiquement, les signaux externes peuvent provenir des éléments spatiaux présents dans l'environnement physique (e. g. la lumière du soleil ou des obstructions en sous-sol)[32] de même que de la présence des autres organismes qui partagent le même environnement, incluant leur apparence physique (e. g. le mimétisme)[33], leur odeur (e. g. les émissions volatiles)[34], le bruit qu'ils font (e. g. les sons et les vibrations de différents types)[35], de même que leur contact physique direct[36] ou indirect[37].

Chez les animaux, il est peu douteux que la conscience de sa propre position et de son orientation dans l'espace est essentielle pour éviter les obstacles, trouver de la nourriture tout en évitant les prédateurs, localiser les membres potentiels d'une parentèle, défendre les anciens territoires de même qu'en conquérir de nouveaux – pour ne parler que des processus cognitifs les plus fondamentaux pour la survie[38]. Les exemples cités auparavant, à quoi s'ajoutent les nombreuses découvertes qui ne cessent d'être faites dans la littérature scientifique sur ce sujet, indiquent clairement que la même chose vaut aussi des plantes. J'estime que les processus cognitifs impliqués dans la vie des plantes sont loin d'avoir été examinés dans toute leur plénitude, et que notre compréhension actuelle de la complexité comportementale et cognitive de ces organismes comporte de graves lacunes.

■ 30. M. Gagliano, M. Renton, N. Duvdevani, M. Timmins, S. Mancuso, « Out of sight but not out of mind : alternative means of communication in plants », *PLoS One*, 7, 2012, e37382 ; M. Gagliano, M. Renton, « Love thy neighbour : facilitation through an alternative signaling modality in plants », *BMC Ecology*, 13, 2013, p. 19.
■ 31. R. Bastien, T. Bohr, B. Moulia, S. Douady, « Unifying model of shoot gravitropism reveals proprioception as a central feature of posture control in plants », *op. cit.*
■ 32. M. Semchenko, K. Zobel, A. Heinemeyer, M. Hutchings, « Foraging for space and avoidance of physical obstructions by plant roots : a comparative study of grasses from contrasting habitats », *op. cit.*
■ 33. E. Gianoli, F. Carrasco-Urra, « Leaf mimicry in a climbing plant protects against herbivory », *Current Biology*, 24, 2014, p. 984–987.
■ 34. R. Karban, L. Yang, K. Edwards, « Volatile communication between plants that affects herbivory : a meta-analysis », *Ecology Letters*, 17, 2014, p. 44-52.
■ 35. M. Gagliano, S. Mancuso, D. Robert, « Towards understanding plant bioacoustics », *Trends in Plant Science*, 17, 2012, p. 323–325 ; H. Appel, R. Cocroft, « Plants respond to leaf vibrations caused by insect herbivore chewing », *Oecologia*, 2014, n° 175, p. 1257–1266.
■ 36. M. Semchenko, E. John, M. Hutchings, « Effects of physical connection and genetic identity of neighbouring ramets on root-placement patterns in two clonal species », *New Phytologist*, 176, 2007, p. 644–654.
■ 37. S. Simard, D. Perry, M. Jones, D. Myrold, D. Durall, R. Molina, « Net transfer of carbon between ectomycorrhizal tree species in the field », *op. cit.* ; Z. Babikova, L. Gilbert, T. Bruce, M. Birkett, J. Caulfield, C. Woodcock, J. Pickett, D. Johnson, « Underground signals carried through common mycelial networks warn neighbouring plants of aphid attack », *Ecology Letters*, 2013, n° 16, p. 835-843.
■ 38. T. Kimchi, J. Terkel, « Seeing and not seeing », *Current Opinion in Neurobiology*, 12, 2002, p. 728-734.

## Pour une approche intégrée de la cognition

Au regard des nombreux exemples donnés précédemment, la proposition selon laquelle les plantes sont des organismes cognitifs ne devrait plus paraître sujette à caution. La question qu'il conviendrait plutôt de se poser est de savoir comment les plantes, à l'instar des autres organismes – que ce soit celui d'un être humain, d'un animal ou d'un microbe –, manifestent leurs capacités cognitives et comment elles en font bon usage dans leur vie (et comment nous pouvons les observer). La proposition que j'avance, à la suite de Maturana[39], consiste à dire que l'examen du domaine cognitif dans les termes d'un processus dynamique d'interactions au sein du système organisme/environnement pourrait bien livrer la clé d'une approche effective intégrée de la cognition. Comment devons-nous nous y prendre pour y parvenir ?

Commençons par considérer la perception, par exemple, comme l'expérience permettant de réaliser un contact avec le monde et d'explorer les diverses opportunités qu'offre l'environnement. Il se peut que l'expérience des opportunités ou « affordances » offertes par un environnement[40] revête différentes formes, mais elle correspond à une caractéristique intrinsèque et fondamentale partagée par tous les organismes vivants. Par le moyen de ce processus de découverte et d'évaluation dynamique des multiples opportunités qui s'offrent à un organisme, l'environnement facilite les réponses cognitives telles que la prédiction et l'anticipation, et il permet à un organisme de connaître l'état du monde avant de décider de la façon dont il va y agir.

Dans la mesure où les affordances correspondent à des caractéristiques réelles et perceptibles du système entier organisme/environnement[41], nous avons affaire à une théorie écologique qui offre une approche pratique extrêmement utile pour l'étude de la perception, des capacités cognitives et des comportements au sein des différentes espèces. Les principes de cette théorie ont déjà été appliqués effectivement dans divers contextes – pour mettre en lumière l'importance des informations relatives aux dimensions du corps pour la saisie des affordances qu'offre un environnement, notamment en relation avec un corps en mouvement[42] ; ou encore pour élucider le rôle essentiel que joue l'apprentissage des affordances fonctionnelles d'une tâche ou d'un outil pour résoudre des problèmes chez les oiseaux et les singes[43]. Plus récemment, une étude portant sur la capacité des criquets à

---

■ 39. H. Maturana, « Biology of cognition », *op. cit.*

■ 40. J. Gibson, « The theory of affordances », in R. Shaw, J. Bransford (dir), *Perceiving, acting, and knowing : toward an ecological psychology*, Hillsdale, Erlbaum, 1977, p. 67-82 ; J. Gibson, *The ecological approach to visual perception*, Boston, Houghton Mifflin, 1979 ; trad. française O. Putois, *Approche écologique de la perception visuelle*, s, Bellevaux, Éditions Dehors, 2014.

■ 41. A. Chemero, « An outline of a theory of affordances », *Ecological Psychology*, 15, 2008, p. 181-195.

■ 42. W. Warren Jr, « Perceiving affordances : visual guidance of stair climbing », *Journal of Experimental Psychology : Human Perception and Performance*, 10, 1984, p. 683-703 ; W. Warren Jr, S. Whang, « Visual guidance of walking through apertures : body-scaled information for affordances », *Journal of Experimental Psychology : Human Perception and Performance*, 13, 1987, p. 371-383.

■ 43. Pour les oiseaux, *cf.* A. von Bayern, R. Heathcote, C. Rutz, A. Kacelnik, « The role of experience in problem solving and innovative tool use in crows », *Current Biology*, 19, 2009, p. 1965-1968 ; pour les singes, *cf.* E. Nelson, N. Berthier, C. Metevier, M. Novak, « Evidence for motor planning in monkeys : rhesus macaques select efficient grips when transporting spoons », *Developmental Science*, 14, 2011, p. 822-831.

percevoir des affordances dans la négociation d'obstacles présents dans leur environnement a montré de quelle façon une évaluation précise de leurs propres caractéristiques physiques (i. e. la perception de leur propre taille corporelle) leur permet d'évaluer la taille relative des obstacles, de décider si oui ou non il peut être franchi, et, sur le fondement d'une telle évaluation, de coordonner leurs efforts pour les surmonter[44].

Le concept d'affordance a également été adopté dans d'autres cadres théoriques[45] en vue de mieux comprendre la coordination d'actions guidées visuellement et d'expliquer comment, par exemple, nous freinons pour immobiliser notre voiture[46], ou comment les pilotes et les oiseaux font ce qu'ils font durant le vol et l'atterrissage[47]. Cette théorie a aussi fourni une nouvelle compréhension de la façon dont les chauves-souris qui évoluent par écholocalisation tirent parti de l'information acoustique pour réussir à s'orienter en vol et à atteindre leur destination[48]. Je pense que ces concepts et ces approches peuvent être aisément intégrés pour améliorer et développer notre compréhension de l'écologie comportementale et cognitive des plantes. Dans les paragraphes qui suivent, je me propose d'offrir deux analogies qui, à titre d'exemple, donneront une idée des directions qu'un tel programme de recherche pourrait suivre.

## Exemple 1 – S'orienter dans un espace à trois dimensions

Comme il a été dit dans la section précédente, nous savons désormais que les plantes sont, par exemple, sensibles aux sons qui les environnent et, de manière plus cruciale, qu'elles sont capables d'émettre leurs propres sons et cliquètements, ainsi que de détecter les signaux acoustiques provenant des autres[49]. Il est tout à fait concevable qu'une plante, à l'instar d'une chauve-souris évoluant par écholocalisation, puisse émettre des cliquètements sonores et qu'elle puisse « écouter » l'écho qu'ils produisent en retour en vue d'obtenir une information au sujet de son environnement éloigné et immédiat (Gagliano, inédit). Il se pourrait que l'écholocalisation, comprise comme forme de communication avec soi-même[50], soit un moyen efficace pour les plantes, telles que les lierres grimpants et les vrilles, pour se frayer

■ 44. A. Ben-Nun, M. Guershon, A. Ayali, « Self body-size perception in an insect », *Naturwissenschaften*, 100, 2013, p. 479-484.
■ 45. *Cf.* la théorie Tau, D. Lee, « A theory of visual control of braking based on information about time-to-collision », *Perception*, 5, 1976, p. 437-459 ; voir aussi la discussion par B. Fajen, « Affordance-based control of visually guided action », *Ecological Psychology*, 19, 2007, p. 383-410.
■ 46. D. Lee, « A theory of visual control of braking based on information about time-to-collision », *op. cit.*
■ 47. D. Lee, P. Reddish, D. Rand, « Aerial docking by hummingbirds », *Naturwissenschaften*, 78, 1991, p. 526-527 ; D. Lee, M. Davies, P. Green, F. van der Weel, « Visual control of velocity of approach by pigeons when landing », *Journal of Experimental Biology*, 180, 1993, p. 85-104 ; G. Padfield, « The tau of flight control », *The Aeronautical Journal*, 115, 2011, p. 521-556.
■ 48. D. Lee, F. van der Weel, T. Hitchcock, E. Matejowsky, J. Pettigrew, « Common principle of guidance by echolocation and vision », *Journal of Comparative Physiology A.*, 171, 1992, p. 563-571 ; D. Lee, J. Simmons, P. Saillant, F. Bouffard, « Steering by echolocation : a paradigm of ecological acoustics », *Journal of Comparative Physiology A.*, 176, 1995, p. 347-354.
■ 49. M. Gagliano, S. Mancuso, D. Robert D, « Towards understanding plant bioacoustics », *op. cit.* ; H. M. Appel, R. B. Cocroft, « Plants respond to leaf vibrations caused by insect herbivore chewing », *Oecologia*, 2014, n° 175, p. 1257-1266.
■ 50. J. Bradbury, S. Vehrencamp, *Principles of animal communication*, Sunderland, MA, Sinauer, 1998.

un chemin au sein de l'espace à trois dimensions, pour détecter les objets en mouvement comme ceux qui sont immobiles et qui se dressent comme des obstacles, et, surtout, pour localiser les arbres-hôtes appropriés ou autres échafaudages sur lesquels grimper ou auxquels s'attacher.

Dans ce dernier cas, on peut s'attendre à ce que des supports de matériaux différents et de qualités structurelles variées n'absorbent pas de la même manière les sons qui viendraient à les frapper. Cette différence détermine le degré d'intensité et de clarté des échos provenant en retour aux organismes qui ont émis de tels sons, de sorte que l'affordance que fournit une structure donnée varie elle aussi. C'est de cette façon qu'il conviendrait de rendre compte des décisions comportementales et/ou physiologiques qu'une plante en vient à prendre au sein du contexte où elle se trouve.

## Exemple 2 – Localiser par écholocalisation le voisinage

Dans la mesure où différentes espèces de plantes produisent différentes émissions acoustiques (Gagliano, inédit)[51], il est permis de considérer qu'elles sont aussi capables de tirer parti des sons spécifiques émis par les autres plantes en vue de déterminer la composition de leur voisinage, comme nous savons qu'elles le font en utilisant les effets en retour des signaux lumineux réfléchis par leurs voisins[52].

Au sein de la littérature animale, il est tenu pour pratiquement acquis que les chauves-souris qui évoluent par écholocalisation, par exemple, écoutent les échos en retour non seulement afin de s'orienter au sein de l'environnement qu'elles explorent et où elles circulent, mais aussi pour déterminer leur voisinage et pour distinguer les individus familiers de ceux qui ne le sont pas[53]. Au regard des preuves qui s'accumulent de l'existence d'une sélection de parentèle chez les plantes (voir les exemples donnés en ce sens dans la section précédente), une direction à la fois nouvelle et excitante s'ouvre à la recherche sur les plantes. Sans doute la bioacoustique des plantes en est-elle à ses débuts, et sans doute aussi les idées avancées dans ce domaine sont-elles encore à ce stade hautement spéculatives dans l'absence de preuves expérimentales ; toutefois, au risque de paraître trop hardie, j'invite les lecteurs à considérer avec bienveillance et ouverture d'esprit de telles hypothèses.

## Remarques conclusives

En mettant au jour une complexité de comportements, considérée jusqu'alors comme appartenant exclusivement au domaine des animaux, la recherche scientifique a considérablement bouleversé, au cours des deux dernières décennies, la conception aristotélicienne selon laquelle les animaux se distinguent des entités du monde végétal en ce qu'eux seuls

■ 51. Gagliano inédit.
■ 52. P. Aphalo, C. Ballaré, A. L. Scopel, « Plant-plant signalling, the shade-avoidance response and competition », *Journal of Experimental Botany*, 1999, n° 50, p. 1629-1634 ; B. Collins, G. Wein, « Stem elongation response to neighbour shade in sprawling and upright *Polygonum* species », *Annals of Botany*, 86, 2000, p. 739-744.
■ 53. S. Voigt-Heucke, M. Taborsky, D. Dechmann, « A dual function of echolocation : bats use echolocation calls to identify familiar and unfamiliar individuals », *Animal Behaviour*, 80, p. 2010, p. 59-67.

sont capables d'adopter des comportements, et a conduit à une refonte du concept de comportement permettant de l'appliquer aux plantes[54].

Défini comme une réponse aux stimuli de l'environnement au cours de l'existence d'un individu, le concept de comportement réussit assurément à inclure les plantes dans le domaine comportemental, mais il continue de réduire leurs réponses à une simple plasticité phénotypique induite par la capacité des organismes à capter des signaux environnementaux (conformément aux discussions qui ont déjà eu cours sur ce point par un certain nombre d'auteurs, lesquels ont clairement souligné les problèmes que soulève pareille équation entre le comportement des plantes et la plasticité[55]). La nouvelle définition du concept de comportement, dans la mesure où elle reconduit pour l'essentiel l'idée que les plantes ne réagissent que de manière instinctive, prédéterminée et stéréotypée, échoue à prendre en compte deux éléments qui déterminent fondamentalement tout comportement : l'action et l'agentivité. Lorsqu'il en va des animaux et des êtres humains, le comportement implique généralement le mouvement (l'action) et la capacité cognitive (l'agentivité). Mais pour l'heure cette façon de voir n'a pas été étendue aux plantes, faute d'avoir su se rendre attentif aux preuves établissant la réalité de leur action et de leur agentivité – à laquelle les récentes avancées technologiques dans la fabrication de caméras de haute vitesse nous ont donné un accès en nous permettant d'élargir notre champ de vision, de sorte à l'ajuster au règne végétal[56] –, laquelle a donc été tenue pour inexistante.

De mon point de vue, c'est cette vision réductrice qui a empêché que soient testés expérimentalement les phénomènes comportementaux/cognitifs présents chez les plantes jusqu'à ces dernières années. Dans cet article, je me suis efforcée d'offrir une interprétation plus ouverte de la cognition, fondamentalement tributaire de la biologie de la cognition de Humberto Maturana et de la psychologie écologique de James Gibson, ainsi que de nombreux autres auteurs qui se sont inscrits à leur suite. Les principales thèses que j'ai avancées peuvent être résumées de la manière suivante : (1) l'environnement, en offrant en une suite ininterrompue d'opportunités multiples pour la prise de décision et pour l'action, *invite* à l'action et rend possible l'adoption d'un comportement, plutôt que d'être la *cause* des actions et des comportements ; (2) la perception, en fournissant un flux continu d'informations, est elle-même une *action* et constitue l'une des deux composantes importantes qui « font » un comportement, comme il a été dit précédemment ; (3) *tous* les organismes vivants considérés au sein de

■ 54. J. Silvertown, D. Gordon D, « A framework for plant behavior », *Annual Review of Ecology and Systematics*, 20, 1989, p. 349-366 ; J. Silvertown, « Plant phenotypic plasticity and non-cognitive behavior », *Trends in Ecology and Evolution*, 13, 1998, p. 255-256.
■ 55. R. Karban, « Plant behaviour and communication », *Ecology Letters*, 11, 2008, p. 727-739 ; et, pour de nombreux exemples, A. Trewavas, « What is plant behaviour ? », *Plant, Cell and Environment*, 32, 2009, p. 606-616.
■ 56. O. Vincent, C. Weißkopf, S. Poppinga, T. Masselter, T. Speck, M. Joyeux, C. Quilliet C, P. Marmottant, « Ultra-fast underwater suction traps », *Proceedings of the Royal Society : B Biological Sciences*, 278, 2011, p. 2909-2914.

ce contexte deviennent des agents doués d'autonomie plutôt que des objets situés dans un monde compris de manière mécaniste[57].

En conclusion, j'ai mis en lumière la richesse d'informations d'ores et déjà disponible dans l'espoir que nous ne reculerons plus devant la tâche d'étudier la cognition des plantes, mais aborderons au contraire ce champ d'étude dans la perspective d'une écologie comportementale unifiée.

**Monica Gagliano**
University of Western Australia, University of Sydney

**Traduit par Hicham-Stéphane Afeissa**

---

■ 57. R. Withagen, H. de Poel, D. Araújo, G-J Pepping, « Affordances can invite behavior : reconsidering the relationship between affordances and agency », *New Ideas in Psychology*, 30, 2012, p. 250-258.

# ÉTUDES

# LE SCEPTICISME AU MOYEN ÂGE, DE SAINT AUGUSTIN À NICOLAS D'AUTRÉCOURT
## Réception et transformation d'un problème philosophique

Christophe Grellard

La présente étude vise à brosser un tableau schématique de la réception et de la transformation des doctrines sceptiques au Moyen Âge. En étudiant les conditions de réception (la disponibilité des textes antiques) et la façon dont ils sont réintégrés dans un questionnement épistémologique nouveau, on cherche à élucider d'une part les types de réponse que les médiévaux ont essayé d'apporter au défi sceptique, et d'autre part, la façon dont ils ont transformé ce problème philosophique récurrent au point de rendre possible l'avènement du scepticisme moderne. On se condamne, en effet, à ne rien comprendre au scepticisme moderne si l'on ne sait pas identifier ses conditions médiévales de possibilité.

J e souhaite présenter ici de façon nécessairement succincte, et parfois schématique, les résultats de recherches menées ces dernières années pour essayer de comprendre ce que les philosophes médiévaux (au sens large de toute personne qui a exercé une activité spéculative entre le XIIᵉ et le XVIᵉ siècles) ont entendu par la notion de « scepticisme », afin d'identifier des stratégies de défense et de réfutation du scepticisme, et idéalement de déterminer s'il y a eu des sceptiques au Moyen Âge et ce que signifiait alors être sceptique[1].

Une remarque méthodologique me semble nécessaire avant toute chose. Je dois souligner que l'examen de cette question m'a conduit à adhérer

---

1. Ces recherches ont été entamées voici plus de dix dans un champ à l'époque à peu près vierge. Depuis, deux ouvrages ont paru qui méritent d'être signalés, D. Perler, *Zweifel und Gewissheit. Skeptische Debatten im Mittelalter*, Frankfurt a. M., Klostermann, 2006 ; H. Lagerlund, (éd.), *Rethinking the History of Skepticism : The Missing Medieval Background*, Brill, Leiden, Köln, Boston, 2009.

complètement aux présupposés de la démarche mise en œuvre par Alain de Libera qui écrit :

> Si, comme je le crois (avec bien d'autres), la philosophie antique et médiévale est, à partir du néoplatonisme, une activité fondamentalement (ce qui ne veut pas dire exclusivement) exégétique, il va de soi que ce qui « appelle la pensée » est, dans une large mesure, un texte lu. Une histoire de la pensée ne peut donc faire l'économie d'une histoire de la lecture – ce qui inclut au premier chef l'histoire même de la chose lue. Elle ne peut pas faire non plus l'économie de la durée longue car c'est souvent sur des siècles que mûrissent, si l'on ose dire, les régimes de lecture[2].

L'élaboration médiévale du scepticisme relève typiquement de la transformation par sédimentation textuelle d'une question posée par la philosophie antique. C'est une reconstruction qui va peu à peu se libérer de tout lien historique pour devenir un problème de part en part médiéval.

En même temps, cependant, le problème du scepticisme médiéval est par excellence le problème où la « modernité » du Moyen Âge se révèle pleinement dans la mesure où il conduit les philosophes médiévaux à poser des questions de théories de la connaissance qui sont encore débattues dans l'épistémologie contemporaine.

Allons plus loin. On peut dire que la situation du scepticisme dans la philosophie médiévale est, à bien des égards, structurellement similaire à la situation du scepticisme dans l'épistémologie anglo-saxonne contemporaine. Dans la préface au volume collectif *The Skeptical Tradition*, M. Burnyeat déplorait la situation du scepticisme dans la philosophie contemporaine où chacun se sent libre de construire ses propres arguments sceptiques et de les réfuter sans se soucier de savoir si un tel scepticisme possède un fondement historique[3]. Il suffit d'ouvrir n'importe quel manuel d'épistémologie contemporain pour trouver un exemple de cette situation. Ce que l'on souhaiterait soutenir ici, c'est que la situation du scepticisme au Moyen Âge est similaire à ce que M. Burnyeat décrit dans le cas de la philosophie contemporaine. Pour le dire autrement, il n'y a pas de sceptiques au Moyen Âge, au sens où personne ne se réclame du scepticisme (à l'exception de Jean de Salisbury[4]), mais il y a un problème sceptique, entendu comme défi à la théorie de la connaissance. Le scepticisme est une construction déliée de tout fondement historique, ce qui conduit avant tout à le considérer comme un réservoir d'arguments (dont certains ont une origine antique alors que d'autres sont proprement médiévaux), un ensemble de tests pour la théorie de la connaissance. Dès lors, il est apparu nécessaire, à un certain nombre de philosophes médiévaux, de réfuter le scepticisme, comme un préalable à l'élaboration d'une épistémologie sur des bases saines.

▓ 2. A. de Libera, « Archéologie et reconstruction », dans *Un siècle de philosophie*, Paris, Gallimard, Folio-essais, 2000, p. 584-585.

▓ 3. M. Burnyeat, *The Skeptical Tradition*, Berkeley / Los Angeles / London, University of California Press, 1983, p. 1.

▓ 4. Sur cette exception, dont je ne traiterai pas ici directement, voir C. Grellard, *Jean de Salisbury et la renaissance médiévale du scepticisme*, Paris, Les Belles Lettres, 2013.

Cette situation anhistorique du scepticisme médiéval et sa réduction à une matrice d'arguments s'explique d'abord par les modalités de la réception des traditions sceptiques antiques au Moyen Âge. Il est donc nécessaire de rappeler brièvement comment s'est élaborée la reconstruction médiévale du scepticisme, avant d'examiner l'usage que les médiévaux ont pu faire de ce « problème sceptique ». On cherchera alors à mettre en évidence une évolution qui conduit, à travers l'appropriation d'un modèle augustinien, à l'émergence d'une forme nouvelle de scepticisme. C'est cette transformation qui rend possible, de la sorte, l'avènement du scepticisme moderne tel qu'on le trouve chez Descartes. Après avoir brièvement rappelé en quoi consiste l'approche augustinienne du scepticisme, on s'efforcera de dresser une typologie des différentes réponses au scepticisme proposées au XIII<sup>e</sup> au XIV<sup>e</sup> siècles.

Faire l'histoire de l'approche médiévale du problème sceptique, c'est montrer comment la conception antique du scepticisme se transforme au point de rendre possible ce que l'on appelle (chez Popkin et d'autres[5]) le « scepticisme moderne », dont Descartes est l'un des plus éminents représentants[6]. C'est aussi montrer comment un problème récurrent en théorie de la connaissance a pu trouver des solutions originales, et c'est interroger le sens de cette récurrence, c'est-à-dire non seulement la possibilité de réfuter le scepticisme, mais aussi le sens même du scepticisme en philosophie.

Avant de commencer notre enquête, il est cependant nécessaire de lever une équivoque, que l'on trouve trop souvent sous la plume des historiens médiévistes, et qui est due au glissement implicite qui va du doute au scepticisme, et de là, à l'athéisme[7]. Rappelons en premier lieu que, si le doute est une condition nécessaire du scepticisme, il n'en est pas une condition suffisante (sauf à faire un usage tellement large de la notion qu'elle en devient insignifiante). Il y a

▥ 5. Voir R. Popkin, *Histoire du scepticisme, d'Erasme à Spinoza*, Paris, PUF, 1995 ; G. Paganini, *Skepsis. Les débats modernes sur le scepticisme*, Paris, Vrin, 2008. Malgré un effort louable des historiens de la philosophie moderne pour prendre en compte l'héritage médiéval dans le renouveau du scepticisme, le modèle « popkinien » d'une rupture radicale, provoquée par la redécouverte du pyrrhonisme, continue de s'imposer largement et autorise à ne pas considérer sérieusement les apports médiévaux à ce renouveau. L'un des exemples les plus (involontairement) caricaturaux se lit dans M. Granada, « Apologétique platonicienne et apologétique sceptique : Ficin, Savonarole, Jean-François Pic de la Mirandole », P. F. Moreau (dir.), *Le scepticisme au XVI<sup>e</sup> et au XVII<sup>e</sup> siècle, Le retour des philosophies antiques à l'âge classique*, t. 2, Albin-Michel, Paris, 2001, p. 11 : « Le scepticisme n'est pas une philosophie connue au Moyen Âge. Ce n'est pas dû au fait que les sources sceptiques gréco-latines ne se soient pas transmises au Moyen Âge ; c'est plutôt parce que la pensée médiévale est dogmatique, c'est-à-dire qu'elle pense que l'homme peut arriver à la connaissance de la vérité, aussi bien par la voie surnaturelle de la Révélation divine que par la voie naturelle de l'exercice de la capacité naturelle cognitive du sujet humain. ». L'une des exceptions, anciennes, mais peu suivie d'effet, curieusement, se trouve dans C. Schmitt, *Cicero Scepticus. A Study of the Influence of the Academica in the Renaissance*, La Hague, 1972.

▥ 6. Sur le scepticisme moderne, outre les travaux de G. Paganini mentionnés dans la note précédente, voir J. R. Maia Neto, « Academic Skepticism in Early Modern Philosophy », *Journal of the History of Ideas* 58 (1997), p. 219-230.

▥ 7. Voir, par exemple, le livre fort peu recommandable de P. Dinzelbacher, *Unglaube im 'Zeitalter des Glaubens': Atheismus und Skeptizismus im Mittelalter*, Badenweiler, 2009 ; je me permets de renvoyer à la recension que j'ai faite de cet ouvrage dans *Speculum* 86/1 (2011), p. 181-183 ; voir aussi la critique de Th. Gruber : http://www.hsozkult.de/publicationreview/id/rezbuecher-13228. Th. Lienhardt exprime assez bien cet usage confus du scepticisme, en revenant sur quelques ouvrages récents consacrés à l'athéisme médiéval : « Les trois ouvrages en question partagent, jusque dans leur titre, le souhait de réviser l'*a priori* selon lequel l'époque médiévale aurait été l'âge de la foi par excellence et, de ce fait, incompatible avec le scepticisme ou le doute religieux, *a fortiori* avec l'athéisme » (« Athéisme, scepticisme et doute religieux au Moyen Âge », *Revue de l'IFHA*, 3 (2011), p. 1).

d'autres usages du doute qui ne sont pas sceptiques, comme ceux que l'on trouve en rhétorique et en dialectique. À ce titre, exciper du prologue du *Sic et non* d'Abélard, pour attester d'un scepticisme médiéval, comme cela se voit souvent, n'a aucun sens. Cet ouvrage n'est pas un texte sceptique, c'est l'application d'une méthode dialectique d'enquête à des objets théologiques. A aucun moment Abélard ne vise à la suspension du jugement ; il cherche au contraire à faire émerger la vérité par la confrontation des autorités. Ensuite, sur le lien entre athéisme et scepticisme, il faut rappeler la mise en garde de C. B. Schmitt :

> Le danger le plus sérieux – et c'est particulièrement évident quand on examine la littérature antérieure consacrée à l'histoire moderne du scepticisme – est celui de l'approximation. Le problème principal ici est que, s'ils ne sont pas contrôlés proprement, les idées et les concepts dominent les faits. Ainsi, le scepticisme – usuellement considéré aux XIXᵉ et XXᵉ siècles dans le sens de « anti-religieux » ou « athée » – est identifié littéralement partout par certains historiens, même parmi les auteurs qui ont le moins de sympathie pour l'école de philosophie sceptique[8].

Ce lien, trop souvent considéré comme naturel, est une construction intellectuelle qui apparaît à l'époque moderne dans un contexte très différent de celui du Moyen Âge et de la Renaissance[9]. La seule occurrence du lien entre scepticisme et incroyance que j'ai pu relever au Moyen Âge, est l'accusation portée par Bernard de Clairvaux contre Pierre Abélard[10]. Or, il est évident qu'Abélard ne fut pas sceptique en matière religieuse. On ne perdra pas de vue que, au Moyen Âge, pour des raisons qui apparaîtront plus bas, l'accusation de scepticisme, en général infondée, est une manière de disqualifier un adversaire. C'est donc une erreur (ou un abus de langage, à tout le moins) de prétendre qu'il y a eu des sceptiques au Moyen Âge parmi les poètes ou les hommes politiques. Il y a eu, probablement, des hommes politiques pour faire preuve de souplesse par rapport aux dogmes, voire d'indifférence[11] ; il y a eu des cas d'athéisme du désespoir (L. Febvre lui-même ne le niait pas) ; il y a eu des formes d'hétérodoxie, de critique des croyances dominantes. Mais aucune de ces pratiques, incontestables, ne s'appuie sur une armature philosophique forte, ni ne réinvestit les arguments et les pratiques du scepticisme. Parler de scepticisme à ce propos est donc un abus de langage, à tout le moins une facilité historiographique. Ce n'est pas interdit. Il appartient aux historiens de se mettre d'accord, au préalable, sur le sens qu'ils donnent aux termes techniques. Par conséquent, ce dont il sera question ici, c'est du scepticisme

---

■ 8. C. B. Schmitt, *Cicero Scepticus*, p. 6.

■ 9. Le problème est d'ailleurs même pour le scepticisme antique. Voir S. Marchand, « Religion et piété sceptique selon Sextus Empiricus », A.-I. Bouton-Touboulic et C. Lévy (éd.), *Scepticisme et Religion : constantes et évolutions de la philosophie hellénistique à la philosophie médiévale*, Brepols, 2016, p. 103-117.

■ 10. C. Grellard, « Scepticisme et incroyance. La querelle entre Pierre Abélard et Guillaume de Saint-Thierry sur le statut de la foi », *Cîteaux*, 63 (2012), p. 245-262.

■ 11. Là aussi, le cas souvent allégué de Frédéric II Hohenstaufen est intéressant : c'est toujours par les partisans de la papauté, donc par ses plus féroces adversaires, que l'empereur est accusé de relativisme ou d'indifférence en matière religieuse. Il faut prendre garde, dans la recherche effrénée des « sceptiques médiévaux », au prisme déformant qu'impose la polémique. Sur la question complexe du relativisme religieux au Moyen Âge, voir les éléments d'enquête proposés dans C. Grellard, « L'erreur de Frédéric. La relativité des religions au Moyen Âge », J.-B. Brenet et L. Cesalli (éd.), *Sujets libres. Pour Alain de Libera*, Paris, Vrin, 2018, 163-168.

au sens philosophique du terme, comme école philosophique de l'antiquité, partiellement et imparfaitement reçue au Moyen Âge, et de ce fait, profondément transformée. On en restera à l'usage technique du terme, dont l'élucidation doit être un préalable à tout autre usage.

## La reconstruction médiévale du scepticisme

Pour comprendre comment une problématique médiévale relative à un enjeu quelconque s'élabore, il est indispensable de prendre en compte les traditions textuelles, c'est-à-dire de déterminer quels textes ont été connus et surtout quels textes ont été lus[12]. Dans le cas du scepticisme, il s'agit d'expliquer pourquoi cette attitude philosophique a été réduite à une thèse épistémologique extrême, à savoir : « rien ne peut être su ».

## Le prisme augustinien

Le premier niveau d'explication tient à la disponibilité des textes sceptiques durant le Moyen Âge. Si les textes de Sextus Empiricus et de Cicéron sont disponibles dans certaines bibliothèques, il reste à savoir s'ils ont eu assez de lecteurs pour influencer l'approche médiévale du scepticisme.

Or dans le cas de Sextus, d'abord, on sait que la traduction latine des *Esquisses pyrrhoniennes* est conservée dans trois manuscrits (actuellement Paris, Venise et Madrid)[13]. Le manuscrit de Venise contient d'autres œuvres de Sextus Empiricus, ce qui laisse supposer que l'ensemble de l'œuvre a été à un moment disponible au Moyen Âge. Malheureusement, nous ne savons rien ni du traducteur (sans doute de la fin du XIIIᵉ ou du début XIVᵉ) ni des propriétaires de ces manuscrits. Ce qui ajoute, en outre, à la confusion, c'est que le nom de Sextus Empiricus manque dans les deux manuscrits de Venise et de Paris, et que ce dernier attribue même l'œuvre à Aristote, au f. 98vb : *explicit liber primus pirroniarum. Incipit liber secundus aristotelis*. Il est donc difficile d'évaluer l'influence de ce texte sur l'épistémologie médiévale, mais il n'est pas possible de l'exclure absolument. Le cas de Cicéron n'est guère différent en dépit des apparences. Plusieurs manuscrits circulent, mais les *Académiques* sont fort peu cités. Jean de Salisbury (1120-1180), qui se réclame de son scepticisme académique, ne semble connaître que les *Tusculanes*, et Henri de Gand (mort en 1293) qui est l'un des rares médiévaux à avoir une connaissance directe de ce texte soutient cependant que Cicéron vise à réfuter les Académiciens[14]. Dans la plupart des cas, donc, c'est à travers un prisme

■ 12. Ce point avait déjà été noté par L. Floridi, « The Diffusion of Sextus Empiricus's Works in the Renaissance », *Journal of the History of Ideas*, 56 (1995), p. 63-85 : 75.

■ 13. Sur cette traduction manuscrite, voir W. Cavini, « Appunti sulla diffusione in occidente delle opere di Sesto Empirico », in *Medioevo*, 3, 1977, p. 1-20, et la synthèse de P. Porro, « Il Sextus latinus e l'immagine dello scetticismo antico nel medioevo », *Elenchos*, 2 (1994). R. Wittwer est l'auteur d'une thèse, déjà ancienne, sur la tradition du *Sextus latinus*, mais cette thèse reste, malheureusement, à ce jour inédite. On en trouve une brève synthèse dans R. Wittwer, « Zur lateinischen Überlieferung von Sextus Empiricus PYRRWNEIOI YPOTYPWSEIS », *Rheinisches Museum* (145) 2002, p. 366-373.

■ 14. Sur la réception médiévale du scepticisme cicéronien, voir H. et M. Rouse, « The medieval circulation of Cicero's *Posterior academics* and the *De finibus bonorum et malorum* », *Medieval scribes, manuscripts & libraries essays preseted to N. R. Ker*, M. B. Parkes et A. G. Watson (dir.), Londres, The Scholar Press, 1978, p. 333-367 ; C. Grellard, « La seconde acculturation chrétienne de Cicéron », *Astérion*, 11 (2013) : http://asterion.revues.org/2350.

augustinien que le texte de Cicéron, et plus généralement les positions des Académiciens, sont connus au Moyen Âge.

Toute l'œuvre de S. Augustin, dont l'importance pour la réflexion philosophique médiévale n'est plus à souligner, témoigne de l'impact du problème sceptique pour la philosophie[15]. Comme l'évêque d'Hippone le rappelle dans les *Confessions*, il a lui-même eu l'expérience de la tentation sceptique, conçue comme un désarroi face à notre capacité à accéder au vrai, et c'est cette expérience qui rend urgente la nécessité de réfuter le scepticisme[16]. En même temps, la démarche d'Augustin est déjà de concilier réfutation et usage. Il faut réfuter le scepticisme afin d'établir les principes de la vraie philosophie, mais les arguments sceptiques peuvent également avoir une valeur propédeutique, et être utilisés afin de réfuter les fausses philosophies, en l'occurrence les philosophies empiristes ou matérialistes.

C'est dans le cadre de cette réfutation qu'Augustin fixe ce qui va devenir la version classique du scepticisme au Moyen Âge. Présentant, de façon synthétique, les doctrines néo-académiciennes, dans *Contre les Académiciens*, II, 11, Augustin exhibe ce que l'on pourrait appeler la structure logique du scepticisme :

> Les Académiciens soutiennent d'une part que les hommes ne peuvent parvenir à la science des vérités qui relèvent de la philosophie – Carnéade refusait en effet de s'occuper du reste – et, d'autre part, que l'homme peut cependant être sage et que tout le devoir du sage, comme tu l'as exposé toi aussi, Licentius, au cours de cette discussion, consiste en la recherche de la vérité. Il résulte de là que le sage ne doit donner son assentiment à rien, car il se tromperait nécessairement – ce qui, pour le sage, est un crime – s'il donnait son assentiment à des choses incertaines. Et que tout fût incertain, les Académiciens ne se bornaient pas à l'affirmer : ils appuyaient leur thèse sur des arguments très nombreux. Ils paraissaient avoir tiré leur doctrine que la vérité est inaccessible, de la fameuse définition du stoïcien Zénon, d'après laquelle on ne peut percevoir comme vrai qu'une représentation imprimée dans l'âme, à partir d'un objet réel, et telle qu'elle n'existerait pas, si elle ne venait d'un objet réel. Plus brièvement et plus clairement : le vrai peut être reconnu à des signes que ne peut pas avoir le faux. Or, que de tels signes ne puissent jamais se rencontrer, les Académiciens se sont grandement évertués à en convaincre. Les désaccords des philosophes, les erreurs des sens, les songes et les délires, les sophismes et les arguties, tout cela servit beaucoup à patronner leur opinion. Et comme ils avaient appris du même Zénon qu'il n'y a rien de plus vil que l'opinion, ils en déduisirent que si rien ne pouvait être perçu et si opiner était parfaitement vil, le sage ne devait jamais rien approuver[17].

---

15. La littérature sur le rapport d'Augustin au scepticisme est vaste. On mentionnera en particulier E. Bermon, « *Contra Academicos vel de Academicis* (Retract. I, 1) : saint Augustin et les *Academica* de Cicéron », *Revue des études anciennes*, 111 (2009), p. 53-72, I. Bouton-Touboulic, « Deux interprétations du scepticisme : Marius Victorinus et Augustin », *Les Études Philosophiques*, (2012), p. 217-232, et S. Marchand, « Les *Academica* dans le *Contra Academicos* : détournement et usage du scepticisme académicien par saint Augustin », *Asterion*, 11 (2013), http://asterion.revues.org/2336.

16. Saint Augustin, *Les confessions*, V, 14, 25.

17. Saint Augustin, *Contre les Académiciens*, II, 5, 11, trad. R. Jolivet, Desclée de Brouwer, Paris, 1948, p. 78-81.

Le point de départ, et le nœud de toute la position académicienne, c'est que rien ne peut être su. Augustin en tire la conclusion, typiquement sceptique selon lui : le sage doit suspendre son assentiment. Cette suspension de l'assentiment sera comprise au Moyen Âge comme un doute généralisé. Augustin souligne ainsi le statut fondamental de la thèse selon laquelle rien ne peut être su (c'est-à-dire faire l'objet d'une *scientia*, ou être connu avec certitude). Cette thèse est prouvée par les Académiciens en montrant qu'il est impossible de trouver une perception qui ait un critère évident de vérité. A cette occasion, Augustin élabore une typologie des arguments sceptiques : (1) désaccord entre les hommes (relativité de la connaissance), (2) erreur des sens, (3) rêve et folie, et enfin (4) paralogismes et sophismes. Le type (1) permet de souligner qu'il n'y a pas de critères évidents et universels de la vérité, les types (2) et (3) que les sources de la connaissance ne sont pas fiables, et le type (4) que l'erreur se situe également au niveau du traitement logique du donné sensible. Se dessine ainsi le portrait du sceptique comme celui qui nie la possibilité de la connaissance en raison de l'impossibilité de distinguer le vrai du faux puisque l'incertitude se situe tant du côté des objets que du sujet de la connaissance.

À partir de là, le modèle augustinien du scepticisme est en place. Une fois identifié le scepticisme comme une attitude radicale qui nie la possibilité de connaître, il faut trouver une échappatoire en exhibant une connaissance absolument indubitable. Dans *Contre les Académiciens*, au livre III, Augustin défend le caractère indubitable des tautologies, comme moyen d'échapper à la fois aux arguments du désaccord et aux arguments du rêve et de la folie[18]. En même temps, cette réfutation strictement formelle, fait déjà signe vers la dimension propédeutique du scepticisme qui est une étape vers le platonisme (théorie des enseignements ésotériques et exotériques de l'Académie)[19]. Cet usage du scepticisme afin de promouvoir la dimension intellectuelle du savoir apparaît par exemple dans la q. 9 des *83 q. diverses :*

> Tout ce qu'atteint le sens corporel, et qui est défini comme sensible, évolue sans aucune relâche, ainsi lorsque s'allongent les cheveux de notre tête, ou que le corps s'achemine vers la vieillesse, ou qu'il s'épanouit en jeunesse, cela se fait d'une façon continue et n'interrompt jamais le mouvement. Or, l'instable ne peut pas être perçu : car cela se perçoit que l'on saisit par la science, et on ne peut saisir ce qui évolue sans relâche. Il ne faut donc pas attendre des sens du corps l'authentique vérité. Et que l'on ne nous dise pas qu'il y a des objets sensibles qui restent toujours dans le même état, et qu'on ne nous objecte pas le cas du soleil et des étoiles, sur lesquels on ne peut se former facilement une conviction. Mais voici à coup sûr de quoi chacun devra bien convenir : point d'objet sensible qui n'offre apparence de fausseté, sans qu'on puisse en faire la discrimination. En effet, pour ne citer que ce fait, tout ce dont nous avons la sensation physique, même quand cela ne tombe pas actuellement sous les sens, nous éprouvons pourtant les images tout comme si c'était présent soit dans le sommeil, soit dans l'hallucination. Et dans ces impressions, sont-ce

■ 18. Saint Augustin, *Contre les Académiciens, op. cit.*, III, 10, 22-13, 29, p. 152-173.
■ 19. Saint Augustin, *Contre les Académiciens, op. cit.*, III, 19, 41-20, 43, p. 194-201.

bien les sens qui nous en donnent la sensation, ou s'agit-il des images des objets sensibles : c'est ce que nous ne pouvons pas discerner. Si donc il y a de fausses images d'objets sensibles, qui ne peuvent être discernées par les sens eux-mêmes – et l'on ne peut savoir que ce que l'on discerne du faux – c'est qu'il n'y a pas de critère de vérité qui s'applique aux sens. Aussi est-il très salutaire que nous soyons invités à nous détourner de ce monde, évidemment corporel et sensible, et à nous tourner de tout notre élan vers Dieu, c'est-à-dire vers la Vérité que l'on saisit par l'intellect et la pensée intérieure qui demeure toujours et n'a qu'un mode d'être, et qui n'implique pas une figuration fausse dont on serait incapable de la discerner[20].

Augustin rappelle le critère de l'objet de la science : la permanence. Or rien de sensible n'est permanent. Les sens corporels ne fournissent pas une vérité authentique. Augustin ne rejette pas absolument les sens qui peuvent éventuellement collaborer à la connaissance, mais c'est une vérité nécessairement incomplète qui ne mérite pas le nom de vérité. Dans cette perspective, il reprend certains arguments sceptiques établissant qu'il n'y a pas de distinction garantie avec le faux. La reprise des arguments du sommeil et de l'hallucination atteste l'incapacité du sujet à distinguer les images des représentations correctes. Il n'y a donc pas de critère de vérité dans le cas des sens. La conséquence, c'est qu'il faut se détourner du monde sensible et chercher la vérité en Dieu. D'où la dimension intellectuelle et intérieure de la vérité. Ainsi, le scepticisme trouve-t-il son achèvement et sa réfutation véritable dans la contemplation des idées. Dans les textes plus tardifs, ce modèle ne variera pas, à ceci près que l'exemple de connaissance infaillible et indubitable se trouve dans le cogito, et le platonisme cède la place à la sagesse chrétienne.

## L'enrichissement du modèle augustinien

Si ce modèle augustinien détermine l'ensemble de la conception médiévale du scepticisme, il va cependant s'enrichir par la superposition de différentes traditions[21]. Le premier enrichissement provient de la redécouverte des traditions présocratiques, par l'intermédiaire d'Aristote, à partir du XIIe siècle[22]. Deux ensembles de textes sont importants. D'une part, le début des *Seconds Analytiques* et le livre II de la *Métaphysique* vont conduire à poser la question de ce qu'il faut démontrer, et plus généralement justifier. C'est à cette occasion que les médiévaux, dans les Commentaires sous forme de *quaestio* vont à nouveau examiner le problème sceptique : Peut-on connaître quelque chose ? Peut-on appréhender la vérité ? Le second groupe de textes, d'autre part, est constitué par le livre IV de la *Métaphysique*. L'analyse des thèses d'Héraclite, Protagoras ou Démocrite donne lieu à l'examen d'un grand nombre d'arguments considérés comme sceptiques. Selon Aristote, soutenir

20. Saint Augustin, *83 questions diverses*, q. 9, trad. J. A. Beckaert, Desclée de Brouwer, Paris 1952, p. 58-61.

21. Sur la formation médiévale de la figure de l'*academicus*, voir C. Grellard, « Academicus », *Mots médiévaux offerts à Ruedi Imbach*, I. Atucha, D. Calma, C. König-Pralong, I. Zavaterro (dir.), Turnhout, Brepols, 2011, p. 5-16.

22. Sur la dimension « sceptique » des traditions présocratiques et leur critique par Aristote, voir A. Long, « Aristotle and the History of Greek Scepticism », *in* D. J. O'Meara, *Studies in Aristotle*, Washington, 1981, p. 79-106.

que tout ce qui apparaît est vrai conduit à ne plus pouvoir distinguer le vrai du faux. Le plus souvent, la lecture de ces textes va permettre de donner un fondement ontologique aux doctrines sceptiques : c'est parce qu'ils estiment comme Héraclite que toute chose est muable, et parce qu'ils nient le principe de contradiction que les académiciens soutiennent que l'on ne peut rien connaître[23]. Les *Antiqui* (les présocratiques) sont ainsi englobés dans le groupe des *Academici* (les sceptiques)[24].

De façon générale pour les philosophes médiévaux, le scepticisme se réduit dans une large mesure à ce qu'en disait Augustin. On ne conserve que deux thèses représentatives : rien ne peut être connu et il faut douter de tout, c'est-à-dire la prémisse et la conclusion de l'exposé de *Contre les Académiciens*, II, 11. On va voir en quelle mesure cette présentation reflète à la fois l'ignorance des philosophes médiévaux de ce que fut le scepticisme et l'usage que l'on peut faire dans une théorie de la connaissance de cette conception du scepticisme.

## Typologie des réponses au scepticisme au XIIIᵉ siècle

On assiste au XIIIᵉ siècle à une résurgence du problème sceptique entendu comme défi lancé à notre capacité à connaître, résurgence qui est causée, entre autres facteurs, par la redécouverte du corpus aristotélicien, comme on l'a souligné[25]. C'est dans cette perspective, et sans qu'il soit toujours fait mention de façon explicite des Académiciens, que l'on s'intéresse au problème de l'accès au vrai et de la capacité à justifier la connaissance de façon suffisante. De façon schématique, on peut distinguer trois types de réponse au défi sceptique : une réponse *a posteriori*, et deux types de réponse *a priori*. La réponse *a posteriori*, ou réponse faible, cherche à circonscrire le domaine de l'erreur afin de ne pas donner prise aux arguments sceptiques[26]. C'est une réponse qui passe par la mise en contexte de la connaissance. Deux réponses *a priori*, ou réponses fortes, acceptent les présupposés du scepticisme et cherchent à l'affronter sur son propre terrain. Il s'agit d'une part des théories de la connaissance qui repose sur l'illumination, et d'autre part des théories fondationnalistes qui font dépendre la connaissance de principes *a priori*.

### Les théories de l'illumination : Bonaventure

La question sceptique apparaît chez Bonaventure (*ca.* 1217-1274) comme fortement liée à sa lecture de Saint Augustin[27]. Le problème, chez

■ 23. Sur l'idée d'un « scepticisme héraclitéen », voir Porro, « Il *Sextus latinus* », *op. cit.*

■ 24. Pour un exemple du rôle joué par la figure de Protagoras dans la reconstruction médiévale du scepticisme, voir Dallas Denery, « Protagoras and the Fourteenth-Century Invention of Epistemological Relativism », *in* Lisa Bitel (ed.), *Visualizing the Invisible : Visionary Techniques in Religious and Cultural Contexts, a special issue of Visual Resources XXV*, 1-2 (2009), p. 29-51.

■ 25. Sur l'impact intellectuel du retour d'Aristote, par la médiation des commentaires arabes, voir notamment, parmi les travaux d'A. de Libera, « Sources arabes de la pensée européenne (XIIᵉ-XVIᵉ siècle) », in *Granadas 1492. Histoire et représentations*, Toulouse, AMAM, 1993, p. 73-97.

■ 26. J'ai déjà présenté cette typologie dans un travail antérieur, à partir d'un corpus différent. Voir C. Grellard, « Comment peut-on se fier à l'expérience. Esquisse d'une typologie des réponses médiévales au scepticisme », *Quaestio*, 4 (2004), p. 113-135.

■ 27. Sur la théorie de la connaissance de Bonaventure, en particulier, le problème de l'illumination, voir A. Speer, « The Certainty and Scope of Knowledge : Bonaventure's Disputed Questions on the Knowledge of Christ », *Medieval Philosophy and Theology*, 3 (1993), p. 35-61.

lui, concerne principalement l'interprétation correcte de l'exemplarisme (c'est-à-dire, la doctrine des Formes, entendues comme idées divines) et de l'illumination. Comment les idées divines éclairent-elles la connaissance humaine ? Bonaventure examine d'abord une réponse « exclusive », telle que la lumière divine est le seul moyen de connaître :

> La première interprétation estime que l'évidence issue de la lumière éternelle constitue la cause exclusive et totale de la certitude de notre connaissance [...]. En effet, certains où figurent les premiers Académiciens, l'ont soutenue en assurant que rien ne peut être connu avec certitude que dans le monde intelligible des archétypes. Or, à ce qu'en dit Augustin au livre II de son ouvrage *Contre les Académiciens*, c'est à l'origine d'une erreur des Académiciens ultérieurs selon qui absolument rien ne peut être objet de savoir puisque ce monde intelligible reste caché à l'esprit humain. On voit ainsi que pour avoir adopté cette première interprétation et avoir cherché à l'ériger en théorie générale, ils sont tombés dans une erreur manifeste. En effet, « minime au départ, une erreur à l'arrivée devient énorme »[28].

Une telle thèse est rapportée aux Académiciens (platoniciens) pour en montrer les conséquences sceptiques. Le point de départ de l'erreur sceptique, c'est la réduction de la connaissance au seul monde intelligible. Or, ce monde intelligible est inaccessible à l'esprit humain après la Chute. Le scepticisme est ainsi un platonisme mal compris. Bonaventure critique cette lecture de Platon qui réduit toute connaissance à la connaissance du Verbe divin. Pour lui, Dieu est certes la norme de Vérité suprême qui permet de régler toute vérité inférieure. La conséquence du recours à la règle divine c'est la stabilité de l'objet de connaissance et l'infaillibilité du savoir, deux conditions nécessaires de la connaissance (infaillibilité du côté du sujet et stabilité du côté de l'objet). À ce niveau, les conditions de connaissance exigées par les sceptiques (un savoir qui ne peut pas être faux, et dont on sait qu'il n'est pas faux) peuvent être remplies. Il y a cependant une troisième condition de la connaissance, c'est la complétude dans la saisie de l'objet :

> C'est pourquoi il y a une troisième interprétation. Voie moyenne entre les deux précédentes, elle entend que pour la certitude de notre connaissance la Raison éternelle est nécessairement requise au titre de principe régulateur et de raison motrice, non pas seulement – il est vrai – ni en sa clarté totale, mais avec la raison créée et partiellement discernée par nous, hommes en l'état pérégrin[29].

En effet, il y a trois modes d'être : être dans l'esprit, être mondain, et être dans l'intellect divin. Celui qui en reste à la vérité créée ne peut saisir que les deux premiers modes d'être dont la vérité est conditionnelle : la mutabilité du monde sensible entraîne celle de notre pensée du monde sensible. Il faut donc saisir le dernier mode d'être, ce qui nous est impossible sans une aide divine.

---

28. Saint Bonaventure OFM, *Questions disputées sur le savoir du Christ*, q. 4, Traduction : E. Weber, ŒIL, Paris, 1985, p. 101-105.

29. Bonaventure, *Questions disputées*, op. cit.

Lumière dis-je qui confère l'infaillibilité au sujet connaissant, et Vérité qui communique l'immutabilité à l'objet connu. Attendu que les choses existent de trois manières : dans notre pensée, dans leur genre propre et dans le Savoir-faire éternel, à notre esprit en quête de la connaissance certaine ne suffit pas la vérité des êtres telle que l'assure leur existence en notre esprit, ni celle qu'ils ont dans leur genre propre, car ici et là ils restent muables. Il faut encore que notre esprit atteigne ces êtres en tant qu'ils sont dans l'éternel Savoir-faire[30].

Dans notre état actuel, nous n'avons qu'une connaissance par abstraction réglée par les idées divines et qui est nécessairement partielle, même si c'est le plus haut degré de vérité pour nous à présent :

> Mais du fait qu'en notre état pérégrin notre esprit n'est pas encore pleinement déiforme, il n'atteint pas ces Raisons sur un mode clair, plein et distinct. [...]. Tandis qu'à l'état de nature déchu, manquant de déiformité, notre esprit atteint ces Raisons sur un mode partiel et énigmatique. [...]. De plus l'âme n'étant pas image de Dieu par la totalité d'elle-même, atteint en même temps que ces Raisons les formes intelligibles qui, similitudes abstraites des choses à partir de leurs images sensibles, constituent les raisons propres et distinctes de notre connaître intellectif. Sans ces formes intelligibles, la lumière issue de la Raison éternelle, chez l'homme à l'état pérégrin, n'est pas un principe suffisant pour l'âme, si ce n'est, peut-être, par une révélation spéciale qui transcende l'état présent, comme chez ceux qui sont ravis en Dieu ou pour les révélations accordées à certains prophètes[31].

Finalement, le sens de l'idée d'illumination c'est que les idées divines sont la condition de possibilité et le fondement de l'abstraction, c'est-à-dire de la connaissance intellectuelle. Il y a une structure *a priori* de la connaissance : on ne connaît pas directement les idées divines mais elles servent de règles à la connaissance humaine. Cette réponse au scepticisme en accepte ainsi les présupposés (il n'y a de connaissance qu'infaillible portant sur un objet stable) et prétend trouver une telle connaissance du côté de la connaissance intellectuelle qui relève de l'illumination. C'est ce que l'on peut qualifier de réponse forte au scepticisme. Il faut défendre l'infaillibilité du savoir tout en préservant sa possibilité. Cependant, la dimension fortement eschatologique d'une telle connaissance conduit à reprendre ce que l'on peut appeler une forme de scepticisme chrétien. Le savoir rationnel est la plus haute forme de connaissance à laquelle nous pouvons prétendre en ce monde, mais c'est une forme affaiblie de la véritable connaissance intellectuelle que nous n'aurons que dans la gloire de la vision béatifique. Il faut donc distinguer des degrés de savoir et admettre que notre connaissance ne remplit pas parfaitement certains des critères admis comme nécessaires au savoir, ceux de clarté et plénitude. On le voit, cette première réponse peut être considérée comme une forme de scepticisme chrétien.

▩ 30. *Ibid.*
▩ 31. *Ibid.*

## La réponse contextualiste : Thomas d'Aquin

On peut illustrer la position contextualiste (qui consiste à circonscrire le domaine de validité des arguments sceptiques, afin d'en limiter la portée), en s'appuyant sur la présentation par Thomas d'Aquin (1225-1274) du fonctionnement de la connaissance adamique. La question que pose Thomas est de savoir si Adam, qui avait une forme de connaissance idéale avant la Chute, a pu se tromper[32]. Cette expérience de pensée permet de déterminer une situation exemplaire à partir de laquelle on peut évaluer nos propres connaissances. En quelque sorte les réflexions sur la connaissance adamique permettent d'identifier un « état de nature cognitif ». La position de Thomas qui apparaît dans sa réponse s'appuie en premier lieu sur une différence de nature nette entre science et opinion :

> Or, je dis que non seulement, il n'a pas pu y avoir d'erreur dans l'état d'innocence, mais une opinion fausse quelconque non plus, comme c'est évident par ce qui suit : en effet, bien que dans l'état d'innocence, un bien ait pu d'une certaine façon faire défaut, en aucune façon cependant il n'a pu y avoir corruption de ce bien. Cependant le bien de cet intellect est la connaissance de la vérité, et pour cette raison, les dispositions par lesquelles l'intellect se perfectionne en connaissant la vérité, sont appelées des vertus, comme il est dit dans le livre VI de l'Éthique à Nicomaque. Mais la fausseté n'est pas seulement le manque de vérité mais sa corruption. En effet, il ne possède pas la vérité celui qui est privé de la vérité en ayant une connaissance qui manque de vérité, même s'il ne pense pas le contraire ; ni celui qui a une opinion fausse dont l'estimation est corrompue par la fausseté. Donc, de même que dans l'état d'innocence il n'y a eu ni mal ni corruption, il n'a pas pu y avoir, dans l'état d'innocence, d'opinion fausse[33].

Adam n'a eu que des connaissances certaines à l'exclusion de toute opinion et erreur, et il n'a jamais donné son assentiment hors de propos. D'une part, en effet, l'erreur provient d'un assentiment précipité, or, chez Adam, l'assentiment est toujours proportionné à l'objet. D'autre part, l'intellect est créé par Dieu comme capable du vrai. Il peut donc connaître le vrai sans se tromper, comme l'atteste la connaissance indubitable des premiers principes. Par conséquent, l'erreur, le fait pour l'intellect de confondre le vrai et le faux, ou d'approuver une opinion incomplète, est une conséquence de la Chute, c'est-à-dire, un désordre qui s'écarte de l'ordre naturel voulu par Dieu. Ainsi, Adam n'a eu que des connaissances vraies, fermes et évidentes :

> En outre, le mouvement propre de l'intellect est de posséder la vérité infaillible. Donc, chaque fois que l'intellect est mû par un signe faillible, il y a en lui un désordre, qu'il soit mû parfaitement ou imparfaitement. Donc, puisqu'il n'a pu y avoir aucun désordre dans l'intellect humain à l'état d'innocence, jamais

---

32. Thomas d'Aquin, *Questions disputées sur la Vérité*, q. 18, a. 6 (texte latin dans *Opera Omnia*, t. 22, éd. Commission Léonine, vol. 2, fasc. 2, Rome, 1972) : « On demande si Adam, dans l'état d'innocence a pu se tromper ou être trompé ? ». Sur Thomas d'Aquin, voir N., Kretzmann, « Infallibility, Error, and Ignorance » in : *Canadian Journal of Philosophy*, suppl. vol. 17 (1991), p. 159-194.

33. Thomas d'Aquin, *Questions disputées, op. cit.*

l'intellect d'un homme n'a été incliné davantage dans un sens que dans l'autre, sinon en raison d'un motif infaillible. De là, il est patent que, non seulement il n'y a eu en lui aucun aucune opinion fausse, mais plus encore il n'y a eu en lui aucune opinion, et tout ce qu'il a connu, il l'a connu avec certitude[34].

À partir de là, comment Thomas peut-il répondre aux arguments sceptiques comme ceux du rêve et de l'illusion sensible ? Les arguments sceptiques ici servent très nettement de test à la théorie de la connaissance : ils permettent de s'assurer que l'on a déterminé des critères de connaissance suffisants pour échapper à l'objection sceptique[35]. A l'argument du rêve, Thomas répond en nuançant la portée de l'objection : d'une part, dans le rêve, l'assentiment n'est pas libre, donc la question de l'erreur entendue comme responsabilité épistémique, ne se pose pas. D'autre part, le rêve relève de la sensation dont il est un cas particulier :

> Au 14ᵉ argument il faut répondre que certains disent qu'Adam à l'état d'innocence n'aurait pas rêvé. Mais ce n'est pas nécessaire. En effet, la vision d'un rêve n'est pas dans la partie intellective de l'âme, mais dans la partie sensitive. Donc la tromperie n'a pas été dans l'intellect qui n'a pas eu un usage libre dans le rêve, mais davantage dans la partie sensitive[36].

Dans la mesure où Thomas ne considère pas que l'on pourrait être en permanence en train de rêver, l'objection du rêve n'est pas pertinente, ni pour Adam, ni pour nous.

En revanche, l'argument des illusions sensibles pose le problème des conditions de perception et de la connaissance sensorielle adamique. Or, en tant qu'aristotélicien, Thomas estime que toute connaissance commence avec l'expérience. Sa réponse est très classique : il n'y a pas d'erreur au niveau des sensibles propres, l'erreur est dans le jugement. Tout le problème sceptique est donc réduit au problème du jugement, au décalage entre l'intellect et le donné des sens :

> Au 15ᵉ argument, il faut répondre que quand un sens représente en fonction de ce qu'il reçoit, il n'y a pas de fausseté dans le sens, comme Augustin le dit dans *La vraie Religion*, mais la fausseté est dans l'intellect, qui juge qu'il en est dans les choses comme le sens le montre. Or, jamais la fausseté n'a été en Adam, puisque soit son intellect a différé son jugement, comme dans le sommeil, soit, jugeant des sensibles dans l'état de veille, il a eu un jugement vrai[37].

■ 34. *Ibid.*
■ 35. Thomas d'Aquin, *Questions disputées, op. cit.* : « (14) En outre, un homme dans l'état d'innocence a dormi, comme le dit Boèce dans le *Livre de deux natures*, et pour la même raison, il a rêvé. Mais dans tout songe, un homme peut être trompé, puisque d'une certaine façon, les similitudes des choses lui sont présentes comme les choses elles-mêmes. Donc Adam dans l'état d'innocence a pu être trompé. (15) En outre, Adam dans l'état d'innocence a fait usage des sens corporels. Mais, dans la connaissance sensible, la tromperie se produit fréquemment, comme quand une chose est vue double et quand ce qui est éloigné paraît petit. Donc Adam dans l'état d'innocence n'a pas été entièrement libre de la tromperie ».
■ 36. Thomas d'Aquin, *Questions disputées, op. cit.*
■ 37. *Ibid.*

La difficulté pour nous, par rapport à Adam, est donc dans la maîtrise de la sensation par l'intellect, et la capacité à corriger la sensation. De fait, Adam maîtrise parfaitement sa sensation, donc soit il reconnaît une situation d'adéquation (systématique pour lui à l'état de veille) entre l'intellect et la chose, et il juge véridiquement ; soit il reconnaît cette absence d'adéquation et il corrige son jugement, ou si la correction est impossible (dans le sommeil), il le diffère. Ce que montre la situation adamique, c'est que le scepticisme résulte d'une situation accidentelle de décalage entre la sensation et l'intellect, décalage que l'on peut résoudre par la suspension temporaire du jugement et la correction de la sensation par l'intellect. Ainsi, de façon générale, même après la Chute, l'homme a été créé capable du vrai, et dans des conditions normales de fonctionnement cognitif, nous sommes capables de juger correctement. L'erreur n'est que factuelle, et le scepticisme ne fait que souligner que, ponctuellement, nous pouvons ignorer tel ou tel paramètre dans la connaissance d'un objet. Justifier nos connaissances ne suppose donc pas d'exclure toutes les objections logiquement possibles, de rejeter *a priori* toutes les sources d'erreur, mais seulement de délimiter ponctuellement le domaine de ce que nous savons et de ce que nous ignorons. Pour autant, la réponse de Thomas est une réponse *a posteriori* qui ne peut, évidemment, pas satisfaire le sceptique.

## Le tournant scotiste : les principes de la connaissance

Jean Duns Scot propose, pour sa part, une réponse explicitement fondationnaliste et rationaliste à la question de la justification en exhibant le statut déterminant des principes et en conservant en même temps l'exigence d'infaillibilité. Contre la position sceptique, Duns Scot va s'efforcer de faire émerger trois catégories de connaissances infaillibles qui couvrent tous l'édifice du savoir : les connaissances logiques, l'introspection (connaissance de ses propres états mentaux) [38], la connaissance sensible et la connaissance expérimentale. Duns Scot distingue en effet entre la sensation ou perception directe et l'expérience (entendue comme collection de sensations) qui recouvre l'induction :

> Concernant le second article, afin que l'erreur des Académiciens n'ait lieu dans aucun domaine du connaissable, il faut voir comment les trois types de connaissables énoncés plus haut doivent être traités, à savoir à propos des principes connus par soi et des conclusions, ensuite les choses connues par expérience, et enfin nos actes. Peut-on en avoir naturellement une certitude infaillible [39] ?

■ 38. Faute de place, on laissera de côté la troisième catégorie, qui est celle des états mentaux et qui manifeste l'influence du *cogito* augustinien. L'appréhension de ses propres états mentaux est aussi certaine que les principes par soi. Sur cette question, voir C. Grellard, « Comment peut-on connaître », art. cit., J. Schmutz, « L'existence de l'*ego* comme premier principe métaphysique avant Descartes », dans O. Boulnois (dir.), *Généalogie du sujet. De Saint Anselme à Malebranche*, Paris, Vrin, 2007, p. 215-268 ; O. Boulnois « *Ego* ou *cogito* ? Doute, tromperie divine et certitude de soi du XIVe au XVIe siècles », dans Boulnois (dir.), *Généalogies*, *op. cit.*, p. 171-213.

■ 39. Jean Duns Scot, OFM (1266-1308), *Commentaire des Sentences* (dans *Opus oxoniensis*, ed. C. Balic, vol. 3, Vatican, 1954), L. I, d. 3, q. 4, a. 2. Sur ce texte de Duns Scot, voir les analyses de D. Demange, *La théorie de la science de Jean Duns Scot*, Paris, Vrin, 2007.

La solution scotiste repose ainsi sur la mise au jour d'une architectonique de la raison. La catégorie des principes logiques, examinée en premier, regroupe à la fois les premiers principes et les propositions connues par soi. L'infaillibilité de ces principes est liée à leur forme logique : ces propositions sont connues par la seule analyse des termes en raison du rapport d'inclusion du prédicat dans le sujet. La saisie de cette relation s'accompagne de la saisie de la vérité de la proposition, et d'un assentiment certain de l'intellect. On a donc affaire ici à une forme de connaissance *a priori* indépendante de toute sensation :

> Les termes des principes connus par soi ont une telle identité qu'il est évident que l'un inclut nécessairement l'autre. Et pour cette raison, l'intellect composant ces termes dans une proposition après les avoir appréhendés, a présent à lui-même la cause nécessaire, et plus encore la cause évidente, de la conformité de cette proposition avec les termes qui la composent. Et c'est pourquoi cette conformité dont il appréhende la cause évidente dans les termes, est nécessairement évidente pour lui. [...]. Une fois acquise la certitude des premiers principes, est évidente la façon dont on acquiert celle des conclusions inférées à partir d'eux, en raison de l'évidence du syllogisme parfait, puisque la certitude de la conclusion dépend d'une certaine façon de la certitude des principes et de l'évidence de l'inférence[40].

Dès lors, la connaissance rationnelle échappe à l'éventuelle faillibilité de la connaissance sensible. On peut alors montrer comment la certitude de ces principes leur permet de résister aux arguments sceptiques mettant en jeu une hallucination générale (rêve ou folie).

Duns Scot examine ensuite le cas de la connaissance expérimentale, et en l'espèce de l'induction. Cette connaissance repose sur deux paramètres : la fréquence d'un cas et l'ajout d'un principe causal. Si une expérience répétée nous révèle des réactions constantes de la part d'agents naturels, alors on peut conclure avec une certitude infaillible que l'effet observé est propre à cet agent et que ce dernier produira toujours le même effet. Cette démarche observationnelle est garantie par un principe causal, connu par soi selon Duns Scot, et qui énonce que l'effet qui suit fréquemment une cause non libre est l'effet naturel de cette cause :

> Même si l'on n'a pas d'expérience de tous les singuliers, mais de plusieurs, ni en tout temps, mais seulement fréquemment, un homme d'expérience (expertus) connaît de façon infaillible qu'il en est ainsi en tout temps et pour toute chose, et ce en raison d'une proposition qui est dans l'âme : « tout ce qui se produit dans plusieurs cas, par une cause non libre, est un effet naturel de cette cause ». C'est une proposition qui est connue par l'intellect même si les termes sont dérivés d'un sens qui se trompe, puisqu'une cause non libre ne peut pas produire dans plusieurs cas un effet non libre opposé à ce qui est ordonné par sa forme à produire. Mais une cause casuelle est ordonnée ou non à produire l'opposé d'un effet casuel[41].

■ 40. Duns Scot, *Commentaire, op. cit.*
■ 41. Duns Scot, *Commentaire, op. cit.*

LE SCEPTICISME AU MOYEN ÂGE

On reviendra plus bas, sur ce texte intéressant dans la mesure où, de façon exemplaire, en voulant réfuter le scepticisme, il introduit de nouveaux problèmes qui vont raviver les discussions sur le scepticisme au XIVe siècle : statut de l'induction, statut des principes synthétiques comme les principes causaux, intervention divine.

Les principes qui fondent l'expérience se retrouvent d'une certaine façon dans la connaissance sensible. Il faut, ici, distinguer deux situations, soit il y a convergence des donnés des différents sens, soit il y a un conflit. Dans le premier cas, la convergence permet de conclure à la certitude absolue et infaillible de la perception :

> Mais comment avons-nous connaissance des choses qui tombent sous les actes des sens, par exemple que quelque chose d'extérieur est blanc, ou chaud, comme il apparaît l'être ? Je réponds : à propos d'un tel objet connu, soit les opposés apparaissent à différents sens, soit ce n'est pas le cas et tous les sens connaissant cet objet ont un même jugement à son propos. Si c'est le second cas, alors nous possédons une certitude à propos de la vérité d'un objet connu par les sens, en vertu du principe déjà mentionné : « ce qui se produit dans plusieurs cas en raison de quelque chose qui n'est pas une cause libre, en est un effet naturel »[42].

Si un objet produit des impressions uniformes et convergentes sur deux sens ou plus, alors nous pouvons être certains de la vérité de nos perceptions. En revanche, dans le second cas, la certitude de la sensation repose sur la capacité de l'intellect à corriger le donné des sens, en confrontant le donné de plusieurs sens. Duns Scot estime qu'il y a dans l'intellect des propositions sur lesquelles on peut prendre appui pour corriger les sens :

> Mais si divers sens ont des jugements différents à propos de l'objet vu à l'extérieur (par exemple la vue dit que le bâton dont une partie est dans l'eau et une partie dans l'air est brisé, et que tout objet vu de loin est plus petit qu'il ne l'est), dans de telles circonstances nous avons la certitude de ce qui est vrai et nous savons quel sens se trompe, en vertu d'une proposition apaisante dans l'âme, plus certaine que tout jugement des sens, et par les actes de plusieurs sens concourant, de sorte qu'une proposition rectifie toujours l'esprit ou l'intellect à propos des actes des sens, indiquant lequel est vrai et lequel est faux (et dans cette proposition l'intellect ne dépend pas des sens de façon causale mais occasionnelle). Exemple : l'intellect possède cette proposition apaisante : « aucun objet plus dur n'est brisé dans le contact avec une chose plus mole lui cédant. » Cette proposition est connue par l'analyse des termes, même si elle est reçue de sens qui se trompent, de telle sorte que l'intellect ne peut pas en douter[43].

Dans une telle situation, la vérité n'est connue que par des justifications *a posteriori*, à l'aide de connaissances intellectuelles infaillibles et grâce à la convergence de certains sens. Dès lors, une fois que l'on a réalisé que le sens

42. Duns Scot, *Commentaire, op. cit.*
43. Duns Scot, *Commentaire, op. cit.*

ne peut pas dans tel ou tel contexte fournir une information fiable, on peut chercher les moyens de dépasser cette inadéquation. Jean Duns Scot défend donc une réponse forte au scepticisme, une réponse qui tente de conserver un modèle de connaissance où la vérité, l'évidence et l'infaillibilité sont des conditions nécessaires du savoir[44]. Pour ce faire, il met en œuvre une conception rationaliste et fondationaliste de la connaissance : les premiers principes de la connaissance, les principes les plus évidents, sont les principes *a priori* connus par l'intellect en dehors de toute sensation.

S'il se dégage donc une volonté générale de l'épistémologie médiévale de réfuter le scepticisme, ces tentatives de réfutations engendrent, comme dans l'Antiquité et comme à l'âge classique, un certain nombre de problèmes nouveaux qui viennent renforcer la position sceptique (et qui pose le problème de savoir si l'on peut réfuter le scepticisme).

## L'apport médiéval à la tradition sceptique

On peut signaler pour finir au moins trois problèmes constitutifs du scepticisme moderne qui se mettent en place au Moyen Âge : le problème du dieu trompeur, le problème de l'induction et le problème du solipsisme.

### Le dieu trompeur

Le premier et principal enrichissement proprement médiéval du scepticisme résulte de la réflexion, surtout à partir de Duns Scot, sur la contingence radicale du créé et sur la toute-puissance divine[45]. On peut dire que l'hypothèse du dieu trompeur naît à Oxford dans les années 1320[46]. Pour penser la puissance divine, les médiévaux distinguent la puissance ordonnée, qui est l'ordre de la création voulu par Dieu et la puissance absolue, qui renvoie à tout ce que Dieu peut faire de façon absolue, et dont la seule limite n'est que le principe de non-contradiction. Jusqu'à Duns Scot, la puissance absolue renvoie à l'ensemble des possibles qui s'offrent à Dieu au moment de la création, parmi lesquels il choisit l'ordre naturel. Duns Scot introduit une nouvelle conception de la puissance divine sur le modèle politique : la puissance ordonnée renvoie à la législation de la création par Dieu, tandis que la puissance absolue renvoie à sa capacité souveraine d'intervenir *de facto* dans la création en suspendant les lois qu'il a édictées. Plus généralement, on admet après Scot que Dieu, cause première, peut faire par lui-même tout ce qu'il fait par les causes secondes. Il peut ainsi suspendre une cause tout en maintenant ses effets. Or, si l'on considère que la connaissance s'inscrit dans un processus causal, de sorte que l'objet extérieur cause dans mon esprit une représentation (une connaissance

■ 44. Sur ce modèle épistémologique dominant au Moyen Âge et sur sa lente remise en cause, voir R. Pasnau, *After Certainty. A History of our Epistemic Ideals and Illusions*, Oxford, Oxford University Press, 2017.
■ 45. Sur la toute-puissance divine voir E. Randi, « La théologie post-scotiste », dans E. Randi et L. Bianchi, *Vérités dissonantes. Aristote à la fin du Moyen*, Paris-Fribourg, Le Cerf / Editions universitaires de Fribourg, 1993, p. 111-151, et W. Courtenay, *Capacity and Volition. A History of the Distinction of Ordained and Absolute Power*, Bergame, P. Lubrina, 1990 ; sur la tromperie divine, voir l'analyse séminale de T. Gregory, « Dio ingannatore e genio maligno, Nota in margina alle *Meditationes* di Descartes », *Giornale critico di storia della filosofia italiana*, 28 (1974), p. 477-516.
■ 46. Pour un aperçu de la situation oxonienne, voir C. Grellard, « Histoire des philosophies et des théologies de l'occident médiéval. Conférences de l'année 2014-2015 », *Annuaire de l'École Pratique des Hautes Études, section des sciences religieuses*, 123 (2016), p. 239-242.

intuitive), il est possible pour Dieu de détruire l'objet que je perçois tout en maintenant dans mon esprit l'image de cette chose. Je verrai ainsi une chose qui n'existe pas. Le premier à s'emparer de cette hypothèse et à introduire véritablement l'idée d'un dieu trompeur est Guillaume d'Ockham (1285-1347). Ce dernier a une conception particulière de la connaissance intuitive : il estime que l'intuition, dans des conditions normales de fonctionnement de notre appareil cognitif, produit une connaissance évidente de l'existence de la chose[47]. Pour cette raison, il serait contradictoire que Dieu fasse apparaître dans mon esprit une chose qui n'existe pas. Toute perception directe est véridique et évidente, sauf empêchement corporel. En d'autres termes, dans le cours de la nature, et quand les relations causales fonctionnent normalement, la tromperie divine est exclue. En revanche, Ockham concède que Dieu pourrait tout à fait produire dans mon esprit un acte de jugement erroné, un acte de croyance non évident, qui soit cependant « de même espèce » que mon jugement évident, c'est-à-dire un acte que, d'un point de vue phénoménal, je ne peux pas distinguer de ce jugement évident. Dieu peut donc tromper :

> Néanmoins, Dieu peut causer un acte créditif par lequel je crois qu'une chose qui est absente est présente. Et je dis que cette connaissance créditive sera abstractive et non intuitive ; et par un tel acte de confiance, il peut apparaître qu'une chose est présente quand elle est absente, mais pas par un acte évident. […] Je concède que Dieu peut produire un assentiment de même espèce que cet assentiment évident relativement à la proposition « cette blancheur existe », quand une blancheur n'existe pas ; mais cet assentiment n'est pas évident car il n'en est pas en réalité comme le signifie la proposition sur laquelle porte l'assentiment[48].

Mais Ockham ne tire pas vraiment les conséquences de cette hypothèse. Il appartiendra à son adversaire franciscain Gauthier Chatton et à Adam Wodeham, disciple d'Ockham, d'en tirer les conséquences sceptiques[49]. L'un et l'autre concèdent que dans le cours normal de la nature Dieu ne peut pas nous tromper, mais que d'un point de vue théorique il le peut, et que cette tromperie ne peut pas être identifiée. A la même époque, un autre franciscain, Jean de Rodington développe la même idée : Dieu peut me tromper et je ne peux jamais savoir s'il me trompe ou non. En revanche, Jean exclut la tromperie en pratique grâce à l'argument de la bonté divine :

> De même, la quatrième conclusion principale est que l'intellect ne peut pas naturellement savoir quelque chose, sans qu'il puisse douter qu'il le sache. Et

---

■ 47. Sur la théorie de la connaissance intuitive développée par Ockham, et en particulier sur la connaissance intuitive du non-existant qu'il ne faut pas confondre avec l'hypothèse du dieu trompeur, voir J. Biard, *Guillaume d'Ockham. Logique et philosophie*, Paris, PUF, 1997, E. Perini-Santos, *La théorie ockhamienne de la connaissance évidente*, Paris, Vrin, 2006.

■ 48. Guillaume d'Ockham, *Quodlibeta*, V, q. 5 (traduction <modifiée> de D. Piché, dans Guillaume d'Ockham, *Intuition et abstraction*, Paris, Vrin, 2005, p. 249-253).

■ 49. Voir par exemple, Gauthier Chatton, *Commentaire des Sentences*, (texte latin dans *Reportatio super Sententias : Libri III-IV*. Ed. Joseph C. Wey and Girard J. Etzkorn. [*Studies and Texts* 149] Toronto : Pontifical Institute of Mediaeval Studies, 2005) L. III, d. 11, q. u. : « Je dis que nous n'avons aucune certitude au moyen de la sensation extérieure telle que Dieu ou un ange, voire une autre cause inférieure, ne puissent nous tromper. Néanmoins, de façon commune, les causes naturelles ne produisent pas une telle tromperie. De là, je concède que nous n'avons aucun savoir au moyen de l'expérience qui puisse exclure l'opposé comme incertain ».

je prends quelque chose que tu dis être connu de toi ; mais ce que tu dis être connu de toi n'est pas tel que tu le conçois ; donc, ce n'est pas connu de toi. La conséquence est bonne et l'antécédent est pour toi douteux, donc tu ne dois pas nier le conséquent. Que l'antécédent soit douteux, on le prouve puisque Dieu fait qu'une chose t'apparaît autre que ce qu'elle est ; donc elle n'est pas comme tu la conçois, et cet antécédent est pour toi douteux, et la conséquence est valide. Donc tu ne dois pas nier le conséquent. Mais que Dieu puisse faire qu'une chose t'apparaisse autre que ce qu'elle est, on le prouve : Dieu n'a pas une puissance plus petite que celle du diable ou de l'illusionniste ; mais ceux-ci te font apparaître ce qui n'est pas, et font apparaître une chose autre que ce qu'elle est ; donc Dieu peut faire qu'il apparaisse aux hommes que l'homme n'est pas une substance ou d'autres choses de cette sorte, et que l'homme n'est pas un homme. On dit que si Dieu peut mystifier un homme, alors Dieu pourra le tromper. Et on accepte ou on concède la conclusion de multiples façons. Cependant, je nie la conclusion et je dis qu'on ne peut pas l'inférer. [...]. Quand on dit : « il fait apparaître une chose comme l'illusionniste », on peut répondre que ce nom « trompeur » ne dit pas seulement la cause d'une telle action, mais implique avec cela que celui qui trompe a une intention mauvaise. Or Dieu ne peut pas avoir une intention mauvaise, c'est pourquoi il ne peut pas tromper[50].

Jean pose la question : peut-on avoir une connaissance certaine de la vérité à partir de principes naturels. Or, selon lui, nous ne pouvons pas avoir un jugement indubitable sans une aide divine, via l'illumination. Le but de Jean de Rodington, de façon plus large ici, est de montrer que toute connaissance naturelle reste dépendante d'une intervention divine. C'est dans cette perspective qu'il critique la possibilité d'une correspondance entre un jugement et la réalité sensible extérieure. Ce décalage entre la représentation et l'objet, qui introduit le doute dans la justification des connaissances, est attesté par l'hypothèse du dieu trompeur. Dieu a la capacité de faire apparaître un objet autrement qu'il n'est de fait. Si la vérité est l'adéquation entre l'intellection et la chose, la vérité d'aucune de nos connaissances ne peut être garantie. Ici, Jean de Rodington ne s'appuie pas explicitement sur la contingence du créé, mais se contente d'un raisonnement *a fortiori* : des cas d'illusions sont attestés, par exemple par la tromperie de l'illusionniste ou d'un démon qui font apparaître la chose différemment de ce qu'elle est ; ce qui conduit jusqu'à la remise en cause des certitudes les mieux ancrées. On peut alors utiliser un raisonnement *a fortiori* : Dieu qui est plus puissant que l'illusionniste ou le démon peut tromper davantage qu'eux. La réponse de Jean de Rodington, classique au Moyen Âge, s'appuie sur la bonté divine : Dieu étant souverainement bon ne peut pas vouloir tromper, puisque la

50. Jean de Rodington, *Commentaire des sentences*, L. I, d. 3, q. 3. Le texte latin se trouve dans B. Nardi, *Soggetto e oggetto del conoscere nella filosofia antica e medievale*, Roma, Edizione dell'Ateneo, 1952, p. 70-92.

tromperie implique une intention mauvaise[51]. Jean peut montrer grâce à cet exemple la fragilité de la connaissance naturelle, mais en dernier recours, il en appelle à la bonté divine et l'ordre de la création garanti par Dieu. On a donc finalement une simple hypothèse qui permet de tester la connaissance, mais qui institue souvent un décalage entre la radicalité de la critique et la rapidité de la réponse.

Cette hypothèse d'une tromperie divine va ensuite être amplifiée à Oxford dans les années 1330 chez Richard Fitzralph, Guillaume Crathorn ou Robert Holcot, puis passer à Paris dans les années 1340 chez Jean Buridan et Jean de Mirecourt puis chez Grégoire de Rimini et Pierre d'Ailly. De là, l'hypothèse passe chez Gabriel Biel et dans la scolastique espagnole du XVIᵉ siècle, avant d'être reprise par Descartes.

## La critique de l'induction

La réponse scotiste à la mise en cause sceptique de l'expérience donne lieu, on l'a dit, à une interrogation plus large de la notion de causalité, sur la façon dont le principe de causalité permet de valider les généralisations inductives, et va faire l'objet d'une critique sur le statut de la connaissance qu'elle nous apporte[52]. Cette critique se trouve de façon nette chez Nicolas d'Autrécourt (1300-1369) qui souligne la dimension simplement probable de l'induction en montrant que le principe de causalité ne permet pas de suppléer l'incomplétude de l'énumération. Il aborde à cette occasion la question de la prédiction, c'est-à-dire de la validité d'une proposition au futur : si tous les corbeaux que j'ai observés jusqu'à présent sont noirs, puis-je en conclure avec évidence que le prochain corbeau que je verrai sera noir ? C'est, de façon très nette, la question de l'évidence d'une telle prédiction qui est en jeu, et de son statut scientifique. Nicolas critique l'idée que la répétition d'un événement suffise à nous assurer de son évidence future. Si j'ai observé à plusieurs reprises que l'administration de rhubarbe permet de purger la bile, puis-je en conclure que la proposition « la rhubarbe soigne la bile » est un principe scientifique valable en tout temps et en tout lieu. Pour reprendre les termes de Nicolas, qu'est-ce qui nous autorise à passer de la simple conjecture à la certitude scientifique ?

> La treizième conclusion est que, à propos des choses connues par expérience, comme quand on dit que l'on sait que « la rhubarbe soigne la bile » ou que « l'aimant attire le fer », on a seulement une disposition à conjecturer et non une certitude. Quand on prouve que la certitude est obtenue au moyen d'une proposition présente dans l'âme, à savoir que ce qui est produit dans plusieurs cas par une cause non libre en est un effet naturel, je demande : qu'appelles-tu cause naturelle ? Ce qui a été produit dans plusieurs cas par le passé, et sera

---

■ 51. Cette thèse n'est cependant pas acceptée par tous les théologiens. Par exemple, Robert Holcot admet une forme de tromperie divine. Voir H. Gelber, *It could have been Otherwise. Contingency and Necessity in Dominican Theology at Oxford. 1300-1350*, Leiden-Boston, Brill, 2004, p. 267-307.

■ 52. On laisse de côté une critique que l'on trouve chez Holcot et qui est liée à la capacité de Dieu à suspendre les lois de la nature. Voir C. Grellard, *Croire et savoir. Les principes de la connaissance chez Nicolas d'Autrécourt*, Paris, Vrin, 2005, p. 89-90.

produit dans le futur si elle persiste et s'exerce ? Alors la mineure n'est pas connue, à savoir que quelque chose est produit dans plusieurs cas. Et il n'est pas certain qu'il doive en être ainsi dans le futur[53].

La solution envisagée, on l'aura reconnu, est celle de Duns Scot : il faut ajouter un principe connu par soi, en l'occurrence le principe de causalité. Ainsi, c'est l'action causale, naturelle et nécessaire, de la rhubarbe sur la bile qui fonde l'induction en garantissant l'évidence de la répétition. La critique de Nicolas va donc porter sur la notion de causalité : nous n'avons pas de perception évidente des causes, ni du fait de la causalité. Il est théoriquement impossible de s'assurer qu'aucune cause inconnue n'a agi lors de l'observation d'un phénomène. Mais surtout, nous n'avons aucune perception évidente d'un rapport nécessaire entre cause et effet, nous ne percevons qu'un rapport de contiguïté spatio-temporelle entre deux choses, dont rien ne nous autorise à dire qu'il se reproduira toujours, en tout lieu. On ne perçoit donc aucune nécessité causale, mais seulement des conjonctions d'événements qui se répètent. Nicolas ne doute pas que les propositions « cette rhubarbe purge la bile » ou « cet aimant attire le fer », quand elles sont le report d'une expérience directe, sont évidentes. Mais rien n'autorise à généraliser ces propositions particulières en les transformant en principe scientifique. De fait, toute nécessité pour Nicolas est analytique, et la simple contiguïté, qui est synthétique, ne peut y prétendre. Une cause naturelle peut avoir produit plusieurs fois dans le passé un même effet, on n'est pas pour autant justifié à en déduire avec certitude qu'il en sera de même dans le futur. En effet, tout ce que l'on peut observer, c'est la fréquence de la conjonction entre deux événements dans le passé. Mais une conjonction constante est insuffisante pour que l'on puisse prétendre être certain de cette constance dans le futur. Tout ce dont nous pouvons nous prévaloir, c'est d'un *habitus conjecturativus*, une disposition à faire des conjectures sur l'avenir à partir de l'observation de plusieurs événements passés similaires : la répétition d'un même événement produit ainsi une habitude et une attente quant au futur. Que faut-il entendre par cette notion d'*habitus conjecturativus* ? Sans doute que nous avons une tendance naturelle à pratiquer des généralisations inductives. Puisqu'un *habitus* est créé dans l'intellect par la répétition d'un même acte, l'acte causant cet *habitus*, on peut suggérer que l'*habitus conjecturativus* est causé par l'observation répétée d'une conjonction d'événements (que la rhubarbe soigne la bile par exemple). Une fois causé par un tel acte, cet *habitus* à son tour incite à admettre une telle conjonction sans l'avoir nécessairement perçue, et à lui donner un caractère d'universalité. Pour Nicolas, un *habitus* est une disposition à penser, une habitude qui inclut une certaine généralité. L'*habitus conjecturativus* associe un résultat à une idée : on a donc ici une théorie de l'association d'idées. Ainsi, l'induction est à rapprocher de la

■ 53. Nicolas d'Autrécourt, *Exigit ordo* (*Traité universel examinant si les thèses aristotéliciennes sont concluantes*) [Texte latin dans *Medieval Studies*, 1939]. Sur Autrécourt, voir C. Grellard, *Croire et savoir, op. cit.* ; Id., « Evidência ou probabilidade ? Os debates acerca da justificação da indução no século XIV » [Évidence ou probabilité ? Les débats sur la justification de l'induction au xiv* siècle], *Cadernos de Historia e Filosofia da Ciência*, 16 (2006), p. 411-434.

méthode d'argumentation probable par accumulation. La répétition nous permet effectivement de former des jugements probables. Nous pouvons croire que probablement tel événement se répétera dans le futur. La cause naturelle n'est donc rien d'autre que l'extension au futur d'un rapport de production qui a eu lieu dans le passé, extension par laquelle on tente de donner un caractère de nécessité à l'induction.

On voit donc que, en critiquant la théorie scotiste de l'induction, Nicolas a effectué le double déplacement exigé par I. Hacking pour que l'apparition du problème sceptique de l'induction soit possible[54]. D'une part, la notion de fréquence est rattachée à celle de crédibilité, notamment grâce à l'idée d'une disposition à conjecturer. D'autre part, et surtout, la causalité subit un déplacement du domaine de la science et de l'évidence à celui de l'opinion et du probable. On peut même aller plus loin dans le rapprochement avec Hume puisque ce qui fonde la critique autrécurienne de l'induction scotiste c'est une double démarche que l'on retrouvera chez le philosophe écossais : d'une part, on remet en cause l'idée que l'uniformité de la nature puisse avoir une valeur scientifique au sens d'évidence et d'infaillibilité ; d'autre part, on applique à l'induction les critères de la déduction, norme de l'évidence, pour montrer que l'induction ne peut y prétendre.

## La naissance de l'hypothèse solipsiste

L'usage critique du scepticisme conduit progressivement à mettre en évidence des éléments constitutifs du scepticisme moderne, qui contribuent à le détacher de son origine antique. On en a un bon exemple avec l'introduction par Autrécourt du solipsisme comme conséquence nécessaire du « scepticisme » de son adversaire franciscain Bernard d'Arezzo (qui dépend des thèses de Gauthier Chatton, déjà mentionné). Or, précisément, comme le rappelait Augustin, jamais les sceptiques académiciens n'avaient osé aller jusqu'à mettre en cause l'existence du monde extérieur :

> Jamais vos raisonnements n'ont réussi à infirmer la force du témoignage des sens, au point de nous convaincre que rien ne nous apparaît, et jamais vous n'avez tenté de le faire. Mais vous avez déployé les plus grands efforts pour nous persuader qu'une chose peut être autre qu'elle n'apparaît[55].

On a ici un critère distinctif des scepticismes antique et moderne, et un indice des mutations fondamentales qui se jouent au Moyen Âge. Pour que l'argument devienne effectif, il fallait néanmoins que celui du dieu trompeur se mette en place pour permettre une subversion complète de la réalité. Le débat porte sur la question de l'intuition du non-existant *de potentia absoluta*, défendue par Bernard et dont Nicolas s'efforce de montrer qu'elle conduit à des positions radicalement sceptiques, c'est-à-dire à un doute général sur le monde extérieur et les moyens de le connaître :

> 11. Ainsi donc, il est clair, à ce qu'il me semble que de vos propos il suit que vous devez dire que vous n'êtes pas certain de l'existence des objets des cinq

▦ 54. Voir I. Hacking, *L'émergence de la probabilité*, Paris, Le Seuil, 2002.
▦ 55. Saint Augustin, *Contre les Académiciens*, III, 11, 24, traduction R. Jolivet, p. 159.

sens. Mais voici ce qui pourrait être soutenu de manière plus embarrassante : vous devez dire que vous n'êtes pas certain de vos propres actes, par exemple que vous voyez, que vous entendez ; et même, vous n'êtes pas certain que quelque chose vous apparaisse ou vous soit apparu. Car dans le passage cité vous dites que notre intellect n'a pas une connaissance intuitive de nos actes. [...]. 14. Ainsi donc, en rassemblant vos propos, il apparaît que vous devez dire que vous n'êtes pas certain de ces choses qui sont hors de vous. Et ainsi, vous ne savez pas si vous êtes au ciel ou sur terre, dans le feu ou dans l'eau. Et par conséquent vous ne savez pas si aujourd'hui le ciel est le même que ce qu'il fut hier, puisque vous ne savez pas s'il a existé ou non. De même aussi vous ne savez pas si le chancelier ou le pape existent, et si ceux-là existent, s'il existe d'autres hommes à n'importe quel moment du temps. De même, vous ne savez pas ce qui est à vous : si vous avez une barbe, une tête, une chevelure, etc. [...] 15. Vous n'avez pas certitude de vos actes, selon vos propos, pas plus d'ailleurs que vous n'aurez la certitude de votre intellect, et ainsi vous ne savez pas s'il existe. Et à ce qu'il m'apparaît des choses plus absurdes suivent de votre position que de celle des académiciens.[56]

Puisque Bernard pose une distinction réelle entre la connaissance intuitive et son objet, il est logiquement possible que l'une existe sans l'autre. On peut ainsi avoir une représentation claire d'un objet, alors même que cet objet n'existe pas. Nicolas en déduit immédiatement qu'il est impossible d'avoir une quelconque certitude concernant l'existence des objets extérieurs. De même, pour nos états mentaux cognitifs : selon Bernard nous n'avons pas une connaissance intuitive directe de nos actes cognitifs, mais seulement une connaissance abstractive (indirecte et nécessairement moins claire). Nicolas propose donc un raisonnement *a fortiori* : puisque Bernard n'a pas une connaissance certaine des objets extérieurs qui lui apparaissent clairement, à plus forte raison il ne peut pas avoir une connaissance certaine des objets qui lui apparaissent moins clairement comme les états mentaux. Nicolas peut alors conclure en l'enfermant dans un solipsisme complet. Bernard ne sait pas si le monde extérieur existe, il ne sait pas s'il existe lui-même comme corps, il ne sait pas s'il a des états mentaux, et par conséquent, il ne peut pas savoir si c'est bien lui qui pense. Il en est donc réduit à ignorer sa propre existence comme intellect. On voit donc que ce portrait du sceptique a une saveur plus moderne qu'antique. Est sceptique celui qui, en raison d'un usage abusif de la toute-puissance divine, ne sait rien et en est réduit au solipsisme et à l'inaction.

## Conclusion

On voit pour quelle raison personne n'est sceptique au Moyen Âge. Personne en effet ne peut soutenir une position qui est caractérisée comme un défaut philosophique, une sorte d'outrance qui conduit à soutenir que rien ne peut être connu. Il faut cependant souligner que cette conception du scepticisme va s'accentuant au cours du Moyen Âge, au point que la notion d'académicien devient une forme d'attaque *ad hominem*. Au XIIe siècle, Jean de Salisbury peut

■ 56. Nicolas d'Autrécourt, *Correspondance*, Première Lettre à Bernard d'Arezzo, § 11-15 (trad. C. Grellard, Paris, Vrin, 2001, p. 79-81).

encore se réclamer de Cicéron et de l'Académie, en prenant soin de distinguer cependant trois formes de scepticisme :

> Or, l'académicien fluctue et n'ose pas déterminer ce qui est vrai parmi les singuliers. Mais cette secte se divise en trois. Il en est qui prétendent ne rien savoir du tout, et en raison leur excessive prudence ils ne méritent pas le nom de philosophe. Il en est d'autres qui prétendent ne connaître que les seules choses qui sont nécessaires et connues par soi, c'est-à-dire qui ne peuvent pas ne pas être connues. Le troisième degré est celui des nôtres, qui ne précipitent pas les jugements sur les choses qui sont douteuses au sage[57].

Le premier type de sceptique s'adonne à un doute universel. C'est la conception classique du scepticisme au Moyen Âge. Le deuxième type n'admet que ce qui est absolument évident, comme les connaissances mathématiques et logiques. C'est l'une des conceptions médiévales de l'académie platonicienne. Enfin le dernier type de sceptique utilise le doute comme instrument d'enquête et se contente parfois de connaissances probables quand l'évidence est hors d'atteinte. C'est le scepticisme dont se revendique Jean. Il est à cet égard révélateur que Nicolas d'Autrécourt pourrait tout à fait se réclamer de ce dernier groupe de sceptique, mais qu'il ne le fait pas explicitement, comme s'il était devenu impensable au XIVe de se dire sceptique. En revanche, s'il n'y a pas de sceptiques, il y a bien un usage du scepticisme : un usage comme test pour la théorie de la connaissance qui conduit à un regain d'intérêt pour les arguments classiques, et un usage plus ponctuel qui conduit à utiliser un scepticisme local comme une arme contre d'autres philosophes. Le scepticisme n'est jamais revendiqué, mais il est, indéniablement, de plus en plus présent dans l'argumentation épistémologique du Moyen Âge tardif. On voit alors que, de cette reconstruction médiévale du scepticisme, largement influencée par Saint Augustin, se dégagent un certain nombre d'enjeux liés au problème sceptique. De manière générale, la prise en compte par les médiévaux de ce problème conduit à discuter trois questions : quel est le statut de l'erreur (comment expliquer le fait de l'erreur ? ) ; comment justifier l'assentiment et est-il possible de le justifier de façon suffisante pour que l'on ait une connaissance ; comment rendre compte de la connaissance sensible ? Schématiquement, donc, la question est de savoir si l'on peut conserver, pour décrire la connaissance, un modèle qui exige la vérité, l'évidence et l'infaillibilité. L'interrogation médiévale sur le scepticisme est ainsi inséparable de la réception d'un certain modèle de scientificité que l'on a cru pouvoir trouver dans les *Seconds analytiques* d'Aristote (traduits en latin au milieu du XIIe siècle), et de la remise en cause de ce modèle, qui ouvre la porte (parmi d'autres facteurs) à la Révolution scientifique du XVIIe siècle[58].

**Christophe Grellard**
EPHE-PSL / CNRS (LEM, UMR 8584)

---

■ 57. Jean de Salisbury, *Metalogicon* IV, 31 (texte latin dans Iohannes Sarisberiensis, *Metalogicon*, CCCM, 98, Brepols, Turnhout, 1991).

■ 58. Sur cette question, voir par exemple, R. Pasnau, « Medieval Social Epistemology. Science for Mere Mortals », *Episteme*, 7 (2010), p. 23-41 ; C. Grellard, « Science et opinion dans les *Questions sur les seconds analytiques* de Jean Buridan », dans J. Biard (dir.), *La tradition médiévale des* Seconds Analytiques, Brepols, Turnhout, 2015, p. 131-150.

# LES INTROUVABLES
## DES CAHIERS

## DISCOURS SUR LA STRUCTURE DES FLEURS, LEURS DIFFÉRENCES ET L'USAGE DE LEURS PARTIES

Sébastien Vaillant

### Présentation
### La fleur mise à nu par les botanistes même

Au théâtre occidental de l'histoire des savoirs sur les plantes, les arbres méditerranéens tiennent les rôles-titres du répertoire. Figuiers, dattiers, oliviers et pistachiers ont façonné depuis l'Antiquité grecque les représentations que les savants se faisaient du végétal, et particulièrement de sa sexualité. Non sans paradoxe : la paléo-génétique recule la datation de la domestication du figuier (FICUS CARICA L.) jusqu'à -11 400 ans, soit bien avant celle des graminées, et admet ainsi le principe d'une facilitation humaine ancestrale de sa reproduction ; pour autant la littérature scientifique n'a été en mesure de décrire complètement les voies surprenantes de cette fécondation que depuis la moitié du siècle dernier. Celles-ci dépendent en effet de la symbiose entre le figuier (FICUS CARICA) et un insecte, le BLASTOPHAGA. Les recherches récentes de biologie évolutive n'ont cessé de documenter ce phénomène de co-évolution, de symbiose ou de mutualisme interspécifique, – selon le point de vue que l'on préférera adopter pour les décrire –, et l'on sait aujourd'hui que les autres espèces de FICUS, très nombreuses, dépendent elles aussi pour fructifier d'HYMÉNOPTÈRES de la même famille que le blastophage (BLASTOPHAGA PSENES), les AGAONIDAE. Les manèges de la « guêpe » étaient déjà observés par Théophraste qui se demandait en vain pourquoi ceux-ci empêchaient les figues de tomber. Enquêtant auprès des paysans de Lesbos qui plantaient un figuier mâle pour vingt-cinq femelles, il mit néanmoins en parallèle cet usage avec ce qu'il savait de la multiplication du palmier-dattier (PHOENIX DACTYLIFERA) pour affirmer le rôle des poussières des fleurs mâles dans la fructification. Cette pratique arboricole très ancienne était en effet connue des lettrés.

Le compagnonnage long et avisé des paysans méditerranéens avec les figuiers et les palmiers-dattiers a ainsi convaincu les philosophes grecs de la nécessité d'admettre une sorte d'« accouplement » des fleurs mâles et femelles. Sans pousser pour autant l'investigation trop loin. Lorsque Théophraste, dans le *De causis Plantarum*, évoque la fécondation des poissons pour décrire l'effet de cette poussière des pieds mâles sur les pieds femelles, il critique la tentation d'approfondir l'analogie entre les animaux et les plantes à couples. Pour lui, l'ontologie végétale voue l'âme des plantes à la végétation, c'est-à-dire à la croissance, à la génération et à la nutrition, et la question des genres du végétal, si tant est qu'elle mérite d'être posée dans les termes de la sexualité animale, lui est seulement relative.

Dans le monde antique, rien n'est moins évident en effet que le recouvrement de la puissance générative avec la reproduction sexuée. Ainsi, en Égypte et en Mésopotamie, pour être sexués, les palmiers-dattiers sont des déesses nourricières et non des dieux. Et comme le palmier-dattier, l'olivier (OLEA EUROPAEA L. SUBSP. EUROPAEA) est une puissance féminine. Théophraste oppose donc l'« olivière » (elaia glaukê), la « nourrice de nos enfants », qui engendre par elle-même, à l'oléastre, l'olivier sauvage (kotinos) qui peut lui servir de porte-greffe. La polarisation genrée des arbres est ainsi une manière de dire les relations complexes que ceux-ci entretiennent les uns avec les autres, avec les animaux, et avec les êtres humains. La division aristotélicienne du genre, telle qu'elle est donnée dans *De la génération des animaux*, oppose, certes, les êtres qui engendrent dans un autre et ceux qui engendrent en eux-mêmes. Mais les arbres, essentiellement polymorphes, peuvent être masculins ou féminins, ou les deux à la fois, avoir besoin du secours d'une guêpe pour porter des fruits ou de celui de bouseux pour féconder le sol, comme le scarabée vénéré par les Égyptiens, peu importe. Leur pouvoir propre est celui de la puissance végétative, leur capacité à se nourrir et à croître par eux-mêmes, et celle de se régénérer par les rejetons. Pour le décrire, il faut s'immerger dans les relations des éléments du monde – la lumière, l'eau, la terre... –, et les inscrire dans les emboîtements des grands cycles vitaux. Aux yeux des Anciens, la reproduction sexuée des plantes, pour ce que l'on en savait, était considérée comme plus anecdotique que vraiment mystérieuse. Pour les savants, elle était en tout cas très loin de jouer le rôle qui deviendra le sien à l'époque moderne, lorsque l'histoire des plantes se métamorphosera en science botanique.

Au cours de cette métamorphose, la fructification impossible d'un pistachier (PISTICIA VERA) semé au Jardin du Roi avec des graines exotiques a joué un rôle essentiel, ou tout au moins aussi essentiel que le discours qui l'a rendue publique. Observant un plant cultivé au Jardin des Apothicaires qui fleurissait chaque année sans donner de fruits, Sébastien Vaillant, Démonstrateur des plantes au Jardin royal, eut l'idée de prélever du pollen sur un autre pied qui grandissait au Jardin des semis et de le secouer sur les fleurs du premier. Grâce au geste savant et solennel du botaniste, l'arbre donna ses premiers fruits. Et Sébastien Vaillant définit les termes d'ovaire, d'ovule, de placentation, d'étamines, de filet (filaments) dans leur acception moderne, suivant une voie tracée notamment par John Ray et Rudolf Camerarius. Mais l'on aurait tort de croire que cette expérimentation ait été l'effet des seuls progrès de l'analyse rationnelle des mécanismes du vivant, ou celui du renvoi des usages analogiques de l'imagination à la préhistoire des sciences. L'anthropomorphisme et le zoocentrisme ne sont pas du côté que l'on pourrait croire.

Le discours de Sébastien Vaillant prononcé le 10 juin 1717 au Jardin du Roi devant les étudiants pour rendre ses résultats publics est en effet un morceau de bravoure libertin. Systématisant l'existence de la fécondation par pollinisation à l'ensemble des fleurs, il met en scène les amours des plantes dans un double lexique : celui de la description de la reproduction sexuée des animaux, et celui de l'érotisme. Ce jeu littéraire exhibe une représentation de soi en vainqueur amoureux : le discours de Sébastien Vaillant invite les jeunes hommes de son auditoire à « entrer tête levée dans le vaste empire de Flore », le cas échéant par tous les moyens :

> Et si ces fleurs ne voulaient pas agir de gré pendant qu'on les observe, on peut les y forcer en les aiguillonnant doucement avec la pointe d'une épingle et de décider en maîtres sur toutes les parties des fleurs.

Non content de transformer les termes de la discussion savante, Sébastien Vaillant donne à son discours des allures de parricide et critique sans ménagement les théories de Tournefort, son maître. Celui-ci pensait que le « devoir de la fleur était d'allaiter le jeune fruit ». Il niait l'existence de la sexualité végétale, espérant décrire l'action de l'âme nutritive des Anciens par une analyse mécaniste. Tournefort était alors immensément célèbre pour sa méthode permettant de ranger les plantes en combinant plusieurs de leurs caractéristiques. Dans ses *Éléments de botanique* (1694), il avait défini 700 genres « naturels », dont les divisions reposaient sur les caractères morphologiques de la fleur et particulièrement ceux de la corolle. Un très grand nombre de ces genres étaient illustrés de planches montrant une fleur et un fruit peints par Claude Aubriet, permettant une identification commode de l'ensemble des plantes de l'Europe occidentale. Dans une vue encore cartésienne, sa méthode visait à l'universalisation des connaissances botaniques pour exploiter les vertus médicinales des plantes ; la « méthode artificielle » était une boussole destinée à se repérer dans la profusion nourricière et guérisseuse du végétal.

L'horizon des conquêtes défini par Sébastien Vaillant est tout autre : inviter les jeunes savants à « décider en maîtres sur toutes les parties des fleurs ». Car tel est bien, au milieu du Siècle des Lumières, le nouveau projet qui se dessine : la maîtrise des végétaux par la connaissance des mécanismes de la reproduction sexuée. La puissance générative des végétaux inscrite dans les cycles de l'eau, de l'air et de la lumière est refoulée. Les tâches seront alors bien réparties entre les savants : au botaniste, l'érotique de la connaissance pure, qui se satisfait de la domination sur le végétal par l'objectivation de ses parties et de ses mécanismes, aux agronomes, l'expérimentation utilitaire, le corps à corps avec les plantes pour les contraindre à se reproduire pour produire. Linné, séduit d'emblée par le discours de Sébastien Vaillant, en reprend l'esprit et le style dès sa thèse de 1729 intitulée *Preludia sponsaliorium plantarum* (*Prélude aux noces des fleurs*). L'année suivante, il abandonne la classification morphologique pour le système sexuel fondé sur le nombre et la position des étamines. Désormais, l'histoire des végétaux sera subordonnée à la systématique : la botanique moderne était née. Il faudra attendre bien longtemps pour que la complexité des relations interspécifiques nécessaire à la génération de nombreuses plantes, celle même qui avait intrigué Théophraste, redevienne l'objet de l'attention des savants.

**Aliènor Bertrand**
CNRS, UMR 5815

# DISCOURS
# SUR LA STRUCTURE DES FLEURS,
## leurs différences et l'usage de leurs parties

Sébastien Vaillant,
démonstrateur des Plantes du Jardin Royal à Paris [59]

Messieurs,

Comme entre les parties qui caractérisent les plantes, celles qu'on appelle fleurs, sont, sans contredit des plus essentielles, il est à propos de vous en entretenir d'abord, d'autant plus que tous les botanistes ne nous en ont donné que des idées assez confuses.

Peut-être que le langage dont je me servirai à ce sujet semblera un peu nouveau en botanique, mais comme il sera rempli de termes tout à fait convenables à l'usage des parties que j'ai à exposer, je crois qu'on l'entendra beaucoup mieux que l'ancien, lequel était farci de noms impropres et équivoques, plus propres à embrouiller la matière qu'à l'éclaircir, jetant dans l'erreur ceux dont l'imagination, encore offusquée, n'a aucune bonne notion des véritables fonctions de la plupart de ces mêmes parties.

Les Fleurs, absolument parlant ne devraient être prises que pour les organes qui constituent les différents sexes des plantes, puisqu'on trouve quelquefois ces organes nus comme dans la TYPHE ou MASSE D'EAU (TYPHA PALUSTRIS), le LIMNOPEUCE CORDI (Histor. 150) [60], le POTAMOGEITO AFFINIS GRAMINIFOLIA AQUATICA, RAY (HIST I. 190) [61], et dans quelques espèces de FRÊNES, *etc.*, et que les tuniques ou pétales (PETALA) qui les environnent immédiatement dans les plantes où ils se manifestent ne sont destinés qu'à les couvrir et à les défendre. Mais comme ces tuniques sont ordinairement ce qu'il y a de plus beau et de plus apparent dans le composé auquel on a donné le nom de fleur, et que c'est précisément là que se borne la curiosité, l'amour et l'admiration de presque tout le genre humain qui ne fait nulle attention au reste dont il ignore le nom et l'usage, ce sont ces tuniques que par *preciput* j'appellerai fleurs, de quelque structure et de quelque couleur qu'elles puissent être, soit qu'elles entourent les organes des deux sexes réunis, soit qu'elles ne contiennent que ceux de l'un ou de l'autre, ou seulement quelques parties dépendantes de l'un des deux, pourvu toutefois que la figure de ces tuniques ne soit pas la même que celle des feuilles de la plante, supposé qu'elle en porte.

Sur ce principe, je nomme fleurs nues ou fausses fleurs ou si l'on veut fleurs effleurées, les organes de la génération qui sont dénués de pétales et vraies fleurs ceux qui en sont revêtus.

L'on voit par ce premier début, que je sape entièrement les fleurs à étamines ou ces captieuses fleurs sans fleur, race maudite qui semble n'avoir été créée

---

■ 59. Discours prononcé à l'ouverture du jardin royal de paris, le xᵉ jour du mois de juin 1717, et recueilli par les étudiants en botanique.

■ 60. John Ray, *Historia Plantarum*, 1686-1704.

■ 61. *Ibid.*

ou inventée que pour en imposer aux plus habiles et désoler absolument les jeunes botanistes, lesquels en étant débarrassés, se trouvent d'abord en état d'entrer tête levée dans le vaste empire de Flore et de décider en maîtres sur toutes les parties des fleurs.

Si celui de tous les auteurs qui a le plus donné dans le fleurisme s'y était pris de la sorte, il n'aurait pas avancé qu'il est bien difficile de déterminer en plusieurs rencontres ce qu'il faut appeler les feuilles (ou pour éviter l'ambiguïté, les pétales) de la fleur, et ce qu'il faut nommer le calice de la même fleur, et il n'aurait pas si souvent pris celui-ci pour celle-là, et encore plus souvent celle-là pour celui-ci.

De la manière que je viens de définir la vraie fleur, on entend bien qu'elle doit être épanouie ; car lorsqu'elle n'est encore qu'en bouton, non seulement ses tuniques entourent immédiatement les organes de la génération, mais elles les cachent aussi si exactement qu'en cet état on la peut regarder comme leur lit nuptial, puisque ce n'est ordinairement qu'après qu'ils ont confirmé leur mariage, qu'elle leur permet de se montrer, ou, si elle s'entrouvre quelque peu pendant qu'ils en sont aux prises, elle ne s'épanouit très parfaitement que lorsqu'ils se sont quittés. Le contraire arrive aux fleurs qui ne contiennent qu'un sexe, et la raison en est évidente. Mais s'il arrive que sur un même pied de plante, il se rencontre des fleurs qui n'entourent que des organes féminins et d'autres où se trouvent les deux sexes, la tension ou le gonflement des organes masculins de celle-ci se fait si subitement que les lobes du bouton, cédant à leur impétuosité, s'écartent çà et là avec une célérité surprenante. Dans cet instant, ces fougueux qui semblent ne chercher qu'à satisfaire leurs violents transports, ne se sentent pas plutôt libres, que faisant brusquement une décharge générale, un tourbillon de poussière qui se répand porte partout la fécondité ; et par une étrange catastrophe, ils se trouvent tellement épuisés, que dans le même instant qu'ils donnent la vie, ils se procurent une mort soudaine.

Ce n'est pas encore là que se termine la scène. À peine ce jeu a-t-il cessé, que les lèvres ou lobes de la fleur se rapprochant l'un de l'autre, avec la même vitesse qu'ils s'en étaient écartés, lui font reprendre sa première forme ; et on aurait peine à comprendre, si l'on ne l'avait vu, qu'elle eût souffert la moindre violence, ou si l'on n'en voyait encore des marques certaines par les chétives carcasses de ces vaillants champions qui la lui ont faite, et qui restent quelques temps arborées sur son faîte, où, comme autant de girouettes, elles servent de jouets aux zéphyrs.

Toute cette machine se peut aisément remarquer sur la PARIÉTAIRE, à l'heure du berger, c'est-à-dire le matin, temps où les différents sexes des plantes prennent ordinairement leurs ébats. Et si ces fleurs ne voulaient pas agir de gré pendant qu'on les observe, on peut les y forcer les aiguillonnant doucement avec la pointe d'une épingle ; car, pour le peu qu'on en soulève un des lobes, quand elles ont pour ainsi dire, l'âge compétent, les hampes ou filets des étamines, d'arqués ou cambrés qu'ils sont, venant à se dresser comme par un effort violent, on découvre aussitôt ce qui se passe de plus particulier dans cet espèce d'exercice amoureux.

Il s'en faut bien que les étamines des plantes qui ne portent que des fleurs où les deux sexes sont réunis, n'agissent avec tant de précipitation et de vigueur. Dans le plus grand nombre, leur action est presque insensible ; mais il est à présumer que plus elle est lente, plus longue est la durée de leurs innocents plaisirs. Ce n'est pas qu'on en voit qui, sur certaines plantes, tant que la fleur subsiste, donnent encore au moindre attouchement, des signes de vie bien marqués. Telles sont par exemple les étamines du FIGUIER D'INDE (OPUNTIA), celle d'HÉLIANTHUM, *etc.*

Les organes qui constituent les différents sexes des plantes sont deux principaux, savoir les étamines et les ovaires.

Les étamines, que j'appelle organes masculins, et que le célèbre auteur des *Institutions de Botanique*[62] regarde comme les parties les plus viles et les plus abjectes dans les végétaux, quoiqu'elles soient véritablement des plus nobles, puisqu'elles répondent à celles qui dans les mâles des animaux servent à la multiplication de l'espèce, celles-là, dis-je, sont composées de têtes et de queues, ou, si l'on veut s'en tenir aux termes ordinaires de sommets et de filets.

Ces têtes, qu'à juste titre on peut appeler *testicules*, non seulement parce qu'elles en ont souvent la figure, mais aussi parce qu'en effet elles en font l'office, sont dans toutes les plantes complètes, de doubles cartouches ou des capsules membraneuses, qui essentiellement ont deux loges pleines de poussière, dont les granules prennent ordinairement dans chaque espèce de plante une forme déterminée, comme l'ont observé Messieurs Grew, Malpighi, Tournefort, et, après eux, l'auteur des *Observations sur la structure et l'usage des principales parties des fleurs*, Mémoire de l'Académie Royale des Sciences, année 1711, p. 210.

Les queues ou filets, qui servent d'attache et de supports aux testicules, et qui ne sont proprement que les gaines de leurs vaisseaux spermatiques, sont ou simples, comme dans les plantes GRAMINÉES, les cyperacées, les crucifères, les OMBELLIFERES et autres ; ou bien elles sont branchues, comme dans le RICIN, le LAURIER, *etc.* Elles sont distinctes et séparées les unes des autres dans les fleurs des sus-distes plantes, mais dans certaines, comme sont celles de la plupart des MALVACÉES, des CUCURBITACÉES, des LÉGUMINEUSES, *etc.*, on les trouve si intimement soudées ensembles, qu'elles ne font qu'un seul corps, d'où est venu que Monsieur Tournefort a pris les étamines du HOUX-FRELON (RUSCUS) pour la fleur même et la véritable fleur pour un calice, et qu'il n'a pas reconnu que ce qu'il appelle tuyau pyramidal dans les plantes MALVACÉES, tuyau frangé dans l'AZEDARACH, gaine dans le RAPUTIUM, dans les plantes LEGUMINEUSES, dans celles à fleurons, dans celles à demi-fleurons et dans les radiées ; il ne s'est pas aperçu, dis-je, que ce qu'il appelle tantôt tuyau, tantôt gaine, n'est autre chose que ces queues parfaitement jointes et intimement unies ; accident qui leur est commun avec les pétales de quelques fleurs, qui, pour être d'une consistance charnue et succulente, ou qui étant trop comprimés les uns contre les autres dans le calice, se collent si bien ensemble qu'ils forment des fleurs monopétales au lieu de polypétales.

62. Tournefort.

L'endroit d'où les organes masculins tirent leur origine n'est pas toujours le même dans toutes sortes de fleurs. Ordinairement, c'est de la base de l'embryon du fruit lorsqu'il est contenu dans la fleur, soit qu'elle ait plusieurs pétales ou qu'elle n'en ait aucun, pourvu que les découpures de celui-ci s'étendent jusque vers son centre. Quelquefois aussi, ces organes partent des reins de l'embryon comme dans le GRAND NÉNUPHAR BLANC (NYMPHEA ALBA MAJOR). Si la fleur porte sur l'embryon, qu'elle soit à calice et polypétale, ces mêmes organes sortent, ou de la tête de l'embryon, ou de l'ongle des pétales ou des espaces vides qu'ils laissent entre eux, ou enfin de la surface interne de la partie du calice qui couronne l'embryon.

Mais quand la fleur est d'une seule pièce découpée peu profondément, soit qu'elle contienne l'embryon ou que l'embryon la soutienne, ces organes naissent presque toujours des parois intérieures de la fleur, et je ne sache pas qu'ils s'écartent de cette règle si ce n'est au CABARET (ASARUM), où ils forment un collier sous le pavillon de la trompe, ainsi que dans l'ARISTOLOCHE, et au-dessus des ovaires des PIEDS DE VEAU (ARUM) D'EUROPE ; mais les fleurs de ces deux derniers genres sont entières et sans lobes. À l'égard des fleurs qui ne sont faites que pour contenir les seuls organes masculins, on conçoit assez que ces organes ne peuvent être attachés que dans la concavité de ces fleurs.

Comme les queues des testicules tiennent tout à fait de la nature des pétales, il arrive fort souvent que dans quelques espèces de certains genres à fleurs polypétales, elles se travestissent en pétales même pour former ces agréables monstres qu'on élève avec tant de soin sous le nom de fleurs doubles, et parmi lesquelles on ne rencontre que peu ou point du tout de testicules, ces marâtres les dévorant pour ainsi dire dès le berceau en s'appropriant toute leur nourriture.

Mais ces gloutonnes n'en demeurent pas là. Également ennemies de tout sexe, après s'être défaites de l'un, elles attaquent aussitôt l'autre, et l'affamant peu à peu, le font enfin mourir en langueur. De là vient que les semences avortent et qu'il est rare d'en trouver de bonnes dans les infortunés fruits de ces superbes fleurs.

Les ovaires, que Malpighi nomme *matrices* et que l'auteur des *Institutions de Botanique* et ses partisans appellent à tort ou à travers tantôt *pistils* et tantôt *calices*, sont les organes féminins des plantes. L'usage en est trop connu pour m'y arrêter, et leurs figures trop diverses pour en faire ici la description. Il suffira de dire que les semences, qui sont de véritables œufs, s'y nourrissent jusqu'à leur parfaite maturité et de vous avertir que je divise ces organes en *panse* et en *cou*, ou si l'on veut, en *corps* et en *trompes*.

Le *corps* ou la *panse*, qui est la partie inférieure de l'ovaire, bien loin d'être toujours renfermé dans la fleur, comme par exemple, dans les plantes CRUCIFÈRES, n'en est souvent que le support comme dans les POMIFÈRES, dans les OMBELLIFÈRES, dans la plupart des LILIACÉES, des CUCURBITACÉES *etc*. Au lieu que les trompes qui la couronnent et la terminent, en quelque endroit qu'elles soient placées, ne manquent jamais d'être contenues dans la fleur. Preuve évidente que la fleur est uniquement faite pour la conservation des organes, tant de l'un que de l'autre sexe, et nullement pour la préparation des sucs qui doivent servir de première nourriture à l'embryon du fruit, qui n'en tire que son support ou pédicule qui est aussi celui de toute la masse de la fleur.

Pour revenir aux trompes qu'avant et depuis Malpighi personne ne s'est avisé de bien distinguer de la panse de l'ovaire et qu'on ne nous désigne de fois à autres que sous des noms vagues, comme de *houppes* dans le SAFRAN (CROCUS), d'*aigrettes* dans l'OSEILLE (ACETOSA), de *feuilles* dans la FLAMBE (IRIS), de *clous* dans la FLEUR DE PASSION (GRANADILLA), de *chapiteaux* dans le PAVOT (PAPAVER), de *filets* dans le MAÏS, *etc.*, et auxquelles on ne donnait pour toute occupation que le soin de décharger les jeunes fruits et les embryons de graines de leurs ordures ou excréments, quoiqu'on ne laissât pas d'ailleurs de les faire aller de pair avec le *pistil*, ce fameux cheval de bataille pour lequel on leur faisait l'honneur de les prendre en plusieurs occasions. Ces trompes, dis-je, que je compare à celles de *Fallope*, en ce qu'elles transmettent aux petits œufs, non pas les grains de poussière même qu'éjaculent sur elles, ou dans leurs pavillons, les *testicules* ou *sommets*, comme le veut un sectateur des visions de Leeuwenhoek et d'Hartsoecker[63], mais seulement la vapeur ou esprit volatile qui, se dégageant des grains de poussière, va féconder les œufs. Car, je crois, Messieurs qu'on doit être persuadé que dans l'animal, ce n'est ni la matière du mâle, ni ces prétendus vermisseaux ou animaux séminaires qui opèrent dans la femelle l'œuvre de la fécondation, puisque le même Malpighi, au rapport d'un anatomiste moderne (M. Dionis Edit. 1715. p. 322)[64], a reconnu que le *fœtus* se trouve dans les œufs des grenouilles et dans ceux des poules avant la copulation, comme il est très certain que le germe se rencontre dans les semences des plantes qui n'ont point été fécondées et avec le parenchyme desquelles ce germe ne fait qu'un continu. Donc, ce ne peut être que cet esprit volatile auquel la matière grossière sert simplement de véhicule. Or la nature agissant toujours par des lois uniformes, on doit conclure que ce qui se passe dans cette occasion avec les animaux, se doit passer de même dans les végétaux.

Suivant ce principe, il était fort inutile que ce zélé Leeuwenhoekiste[65] se fatiguât tant les yeux à chercher dans les *trompes* des plantes des conduits sensibles pour charrier dans chaque œuf un germe imaginaire, et qu'il assurât contre la vérité, que *pour le peu qu'on se veuille bien donner la peine d'ouvrir les pistils* (terme favori sous lequel il confond les trompes et les ovaires) *on reconnaîtra très distinctement qu'ils sont toujours ouverts à leur extrémité et percés plus ou moins sensiblement jusqu'à leur base.*

On l'en aurait pu croire sur sa parole si la plupart des preuves qu'il en donne avec un peu trop d'assurance ne le démentaient pas. Qu'on examine un peu les trompes du POTIRON (MELOPEPO), qui, par leur énorme grosseur devraient le mieux cadrer à son idée, et l'on verra si elles sont véritablement telles qu'il dépeint, et si au contraire, on ne les trouve pas exactement bouchées à leur extrémité et remplies dans leur longueur, de même que la panse de l'ovaire, d'une substance pulpeuse et succulente, qui ne saurait, sans de très

---

63. Claude-Joseph Geoffroy.
64. Pierre Dionis était chirurgien, démonstrateur au Jardin du Roi de 1673 à 1680. Auteur d'une *Dissertation sur la Génération de l'Homme* (1698), il se rangea du côté des ovistes.
65. Claude-Joseph Geoffroy.

grandes difficultés, permettre au moindre grain de poussière, de se glisser dans l'ovaire. À l'égard de la POMME DE CALVILLE (ERYTHROMELON MAGNUM PARISIACUM J.B.L. 14), comme ses trompes sont fort pointues et aussi déliées à proportion que celles du POTIRON sont épaisses, il est hors de doute que leurs ouvertures et leurs canaux ne sont pas plus réels ; et si l'on remarque des fentes, des cavités, ou des fosses au bout de certaines trompes, elles n'y sont pratiquées que pour en étendre la surface et recevoir une plus grande quantité de poussière ; à quoi servent pareillement les têtes fougueuses et grenues, les cornes, les filets, les houppes, les aigrettes, les panaches, les poils, le velouté, et ce que l'on rencontre sur diverses trompes.

Mais quand on lui passerait l'existence de ces prétendus conduits et la possibilité de l'intromission des grains de poussière jusque dans la capacité des ovaires, en concevrait-on mieux par où ces mêmes grains prédestinés entre tant d'autres, pourraient pénétrer dans les œufs d'un ovaire qui n'aurait qu'une cavité, comme par exemple, celui de la PRIMEVÈRE, où les œufs sont amoncelés sur un *placenta* situé dans l'ovaire à peu près comme un fruit d'ALKENGI l'est dans sa vessie ou une bobèche dans une lanterne. Car alors, il faudrait qu'il arrivât nécessairement de deux choses l'une, ou que ces graines cassassent la coque des œufs pour se pouvoir nicher dessous, ou que prenant une route plus longue, ils se coulassent entre ces œufs, qu'ils perçassent le *placenta* pour l'enfiler et, de là, passer dans les œufs. Ces routes paraissent-elles naturelles et bien praticables ?

Peut-être me fera-t-on la même objection à l'égard de ce que j'ai avancé touchant cette vapeur, cet esprit volatil, ou, si j'ose me servir du terme de la Genèse de ce souffle, lequel sortant des poussières, va vivifier, animer, et à l'aide du suc nourricier, développer ces raccourcis des plantes, ou les germes de leurs petits œufs. Mais la réponse est toute prête, la voici. Les trompes n'étant qu'un prolongement de la panse de l'ovaire qui est une enveloppe composée de même que les tiges, de deux sortes de tuyaux, savoir ceux qui charrient les sucs alimentaires, et de ceux qu'on nomme *trachées*, lesquelles, selon Malpighi, font dans les plantes, les fonctions de poumons, il est aisé à ce *souffle* de s'insinuer par ces derniers vaisseaux qui se terminent à la surface des pavillons, laquelle surface est dénuée de la peau qui recouvre le corps des trompes ; il est, dis-je, aisé à ce souffle de passer des trachées d'abord dans la base du placenta qui perce le fond de l'*ovaire*, ensuite le long de son corps spongieux, et au-delà de se distribuer par les cordons ombilicaux, jusque dans chaque petit germe qui présente sa *radicule* au trou de la coque de l'œuf avec lequel s'abouche le cordon ombilical, pour recevoir de ce cordon, et le *souffle* et la nourriture.

Qu'on épargne de torture à son esprit et de reproches à la nature, en s'en tenant à ce raisonnement ! Qui est-ce qui pouvait s'imaginer qu'un *prisme à quatre faces* devînt la PENSÉE (VIOLA SPECIES) ; *un rouleau étranglé* la BOURRACHE ; *un rein* la JONQUILLE ; *qu'une* croix se peut métamorphoser en ÉRABLE ; *deux boules de cristal étroitement collées l'une à l'autre* en GRANDE CONSOUDE, *etc.* ? Ce sont cependant là les figures qu'affectent dans ces diverses plantes leurs embryons aux pieds poudreux. Et qui est-ce qui ne déchaînerait pas contre des mères qui n'engendreraient tant de si beaux enfants que pour le plaisir de les perdre par après sans ressources, et confier au caprice du hasard le soin d'en sauver seulement quelques-uns ? Car enfin, l'on voit des fleurs qui ayant jusqu'à vingt-cinq ou trente étamines (comme la plupart de celles des fruits à noyaux) ne contiennent cependant qu'un seul œuf. Que de germes détruits ! C'est ce que je laisse à supputer par le prodigieux nombre que chaque *sommet* en expulse, ou par ce qui en reste en son sein, d'où il n'est pas toujours nécessaire que ces grains de poussière dénichent, si ce ne sont ceux des *fleurs stériles* ; car ces derniers devant être charriés par l'air sur les *fleurs fertiles* s'envolent tous, soit par leur sécheresse et légèreté naturelle, soit par la rude et brusque secousse qu'ils reçoivent de la forte contraction de leur capsule. Au lieu que, ceux des fleurs où se rencontrent les deux sexes, pour se trouver tout portés sur l'objet désiré, sont en comparaison des autres de vrais culs-de-jatte qui, après s'être énervés par de long et doux écoulements de leur souffle prolifique, restent en partie dans leurs capsules béantes où ce qui s'en accroche aux trompes y demeure et se dessèche avec elles.

Mais avant que de sortir de la poussière, il faut que je rapporte une observation qui seule suffit, ce me semble, pour culbuter le système ingénieux de celui qui a tant pris de plaisir à la faire voler sans qu'il m'en soit entré le moindre grain dans les yeux. Qu'on examine bien le PAPAVERE ORIENTALE HIRSUTISSIMUM, FLORE MAGNO (COR. J. R. HERB 12)[66], si après que la fleur de cette plante est épanouie, l'on n'en ouvre l'ovaire transversalement, ou de bas en haut, on en trouvera que les feuillets de son *placenta* et les petits œufs qui les couvrent sont blancs quoique les trompes soient cependant toutes imbibées de la teinture que leur suc a tiré des grains de poussière qui s'y sont épanchés. D'où l'on doit inférer qu'il n'en entre aucun grain, ni dans ces feuillets, ni dans les œufs : car s'il était vrai qu'il y en entrât, on ne pourrait les y perdre de vue, tant à cause de leur couleur d'*indigo*, que par la quantité qu'il en faudrait pour la multitude d'œufs dont ces feuillets sont chargés de part et d'autre.

Au surplus, le public doit être obligé à cet habile physicien :

1. De ce qu'ayant reconnu par des observations très exactement faites dans le Cabinet, que la seule suppression des poussières était capable de faire avorter les fruits, couler la vigne, nieller, échauder, brûler et ergoter les blés, il l'a si heureusement tiré de cette erreur rustique qui lui faisait attribuer tant de fâcheux événements aux pluies froides, à la fraîcheur de la terre, à la gelée, aux brouillards épais et puants, et enfin à des coups de soleil tout meurtriers, disait-on, qui après avoir engourdi la sève, pincé, étranglé, cautérisé, et déchiré ses vaisseaux, altéré et détruit totalement la tissure et la substance de ces délicats embryons, les faisaient à la fin misérablement périr.

2. De ce que ne s'étant point encore aperçu que les œufs des poules qui vivent dans le célibat et la continence doivent (à l'instar des fruits qui n'ont pas été engrossés de ce tout puissant grain de poussière) être moins gros, moins pleins et moins bons à manger que les autres ; il prendra dorénavant

---

66. John Ray, *op. cit.*

un grand soin de donner de bons mâles à ces chastes femelles, afin d'avoir d'excellents œufs.

Je reviens aux différents sexes des Plantes. Comme tout le monde sait qu'ils ne se trouvent pas toujours rassemblés dans une même fleur, et qu'au contraire, l'un est souvent séparé de l'autre, tantôt sur le même individu, tantôt sur des pieds différents, j'ai cru à cette occasion devoir établir de trois sortes de fleurs, savoir de *Mâles*, de *Femelles* et d'*Androgynes* ou *Hermaphrodites ;* noms qu'un doux et officieux Écho (l'auteur des *Observations sur la structure et l'usage des principales parties des fleurs)* a bien voulu répéter (au moins les deux premiers) dans une royale assemblée pour les transmettre par avance à la postérité ainsi que quelques autres particularités qu'il n'a pas si fidèlement rapportées ; quoiqu'on ne lui en eût pas fait plus de mystère, croyant bonnement qu'il n'appartenait qu'au corbeau de la fable, de se parer des plumes du geai. Mais à Dieu ne plaise que je veuille revendiquer ces particularités si défigurées, et lui envier la moindre de toutes les jolies choses qu'il a butinées par-ci par-là dans les auteurs pour en grossir ces observations ; on lui abandonne de bon cœur les unes et les autres pour s'en tenir à la pure nature, seul livre qu'il faut feuilleter pour n'être pas trompé et pour n'en imposer à personne.

Les *Fleurs Mâles* que les Botanistes modernes nomment *Stériles* ou *Fausses Fleurs,* sont celles qui ne contiennent que les organes masculins dont j'ai parlés. Les *Femelles,* que ces mêmes Botanistes appellent *Fleurs nouées,* ou *Fleurs à fruit,* ne renferment que l'ovaire ou seulement les *trompes* qui, comme j'ai déjà dit, sont les parties supérieures de cet organe féminin.

Et les *Fleurs Androgynes* ou *Hermaphrodites* auxquelles ils n'ont point donné de nom, sont enfin celles où les deux sexes se trouvent conjointement.

Je passe aux *calices,* qui n'étant point des parties essentielles aux fleurs, ne se rencontrent pas aussi dans toutes. Aussi je nomme les unes *Fleurs à calices,* ou *Fleurs complètes,* et les autres *Fleurs sans calice* ou *Fleurs incomplètes.*

On entend assez que le calice est à la fleur, ce que la fleur est aux organes de la génération, c'est-à-dire qu'il lui sert principalement d'enveloppe, surtout lorsqu'il est de plusieurs pièces : car entre les calices d'une seule pièce, il s'en voit de si courts, qu'ils ne peuvent servir que de douilles et d'emboîture à la partie inférieure de la fleur, pour l'assujettir et l'affermir en place.

Cela posé, il s'agit présentement, Messieurs, de vous donner des expédients pour connaître au premier coup d'œil si le calice est d'une seule pièce ou de plusieurs ; car faute de méthode, les plus grands maîtres s'y sont souvent trompés ainsi qu'à l'égard des fleurs.

On connaît que le calice est d'une seule pièce (bien qu'il ne le paraisse pas, étant coupé jusqu'à sa base) si, en tirant un de ses lobes, il fait résistance et se déchire plutôt que de se détacher nettement du pédicule. On le connaîtra encore mieux, si l'on s'aperçoit que ce calice subsiste après que la fleur est tombée ; car les calices de plusieurs pièces n'étant que contigus, collés ou articulés, pour ainsi dire, avec le pédicule, tombent ordinairement, ou avant la fleur, comme au PAVOT, à la CHÉLIDOINE etc., ou en même temps, ou immédiatement après, comme à la RENONCULE et aux PLANTES CRUCIFÈRES. Au lieu que les calices d'une seule pièce s'usent plutôt que de se détacher de leur support, ou sont continus, n'en étant proprement que des prolongements et des expansions. Ainsi, on rangera dorénavant parmi cette dernière sorte de calice, ceux de TELEPHIUM, d'HELIANTHEMUM, d'ANDROSÆMUM, d'HYPERICUM, d'ASCYRUM, RUTA, PAEONIA, LINUM, etc., qu'on veut nous faire passer pour calices de plusieurs pièces.

Si le calice couronne l'ovaire ou l'embryon du fruit, ce qui est la même chose, il est hors de doute, qu'il est d'une seule pièce, et qu'il ne fait qu'un corps avec cet embryon. Donc les calices de CIRCÆA et de CHAMÆNERION qu'on dit être de plusieurs pièces, ne sont que d'une seule.

On doit encore compter que le calice est d'une seule pièce, lorsque la fleur l'est aussi. Et on ne voit guère de calices à plusieurs pièces qu'aux plantes que j'ai déjà nommées qui sont les Crucifères, aux vraies espèces de RENONCULES, PAPAVER, GLAUCIUM, CORCHORUS, CHELIDONIUM, HYPECOON, LEONTOPETALON, EPIMEDIUM, CHRISTOPHORIANA, et à quelques-unes dont l'ovaire s'ouvre enfin en valise c'est-à-dire d'un bout à l'autre et d'un seul côté, soit que cet ovaire soit simple ou composé ; et alors la couleur de leurs calices, qui, jusqu'à présent, ont été pris pour leurs fleurs est semblable à celle des pétales de ces mêmes fleurs. C'est ce qu'on remarque dans l'ACONITUM, le DELPHINIUM, la NIGELLA, l'AQUILEGIA, etc.

Si l'on demande pourquoi toutes les fleurs n'ont point de calice, on répondra que celles qui sont d'une consistance épaisse, ou charnue, ainsi que les téguments de leurs ovaires, comme la plupart des PLANTES LILIACÉES, PULSATILLA etc., n'en avaient que faire, étant de leur nature à l'épreuve de tout événement. Et que le créateur dont l'infinie sagesse éclate et se fait admirer jusque dans ses plus petits ouvrages, n'en a donné de bien marquées qu'à trois sortes de fleurs :

1°) à celles qui pour être trop minces et trop délicates, comme au PAVOT, au CISTE etc., n'auraient pu sans cette espèce de surtout, résister aux moindres injures du temps ;

2°) à celles qui pour avoir des pétales trop courts et trop étroits, auraient exposé à nu des organes analogues à ceux que la pudeur veut absolument que l'on cache, lesquels se seraient flétris et usés avant que de pouvoir servir. Telles sont les fleurs de l'ELLEBORUS NIGER, de l'ACONITUM, de la NIGELLA etc.

3°) enfin, il en a pourvu toutes celles dont la chute aurait indubitablement été suivie de la perte des ovaires, qui pour se trouver composées et très faiblement attachées autour d'une espèce d'axe, comme dans les PLANTES AVIFÈRES ou LABIÉES, dans les BORRAGINÉES, dans une partie des MALVACÉES etc, se seraient détachées au moindre ébranlement, s'ils n'eussent été appuyés ou adossés d'un calice ; ou qui, pour être d'une étoffe fort légère, comme au GÉRANIUM, à la MAUVE etc., auraient bientôt péri par trop de chaud ou trop de froid, sans l'abri de ce rempart, qui le plus souvent est double dans les plantes MALVÉES.

Après vous avoir donné des moyens pour bien démêler les calices d'une seule pièce d'avec ceux de plusieurs pièces, je vais vous dire présentement comment on peut discerner les fleurs monopétales des polypétales.

Si les fleurs sont incomplètes ou sans calice et qu'elles subsistent, s'accroissent, et servent d'enveloppe aux fruits après la chute des étamines, il est constant qu'elles ne peuvent être que d'une seule pièce, et par conséquent que de simples prolongements de pédicules, encore qu'on nous les donne la plupart pour des corps composés de plusieurs pièces. Telles sont les fleurs de BETA, d'ACETOSA, d'ATRIPLEX, de SPINACIA, de MERCURIALIS, de KALI, de VERATUM, d'AMARANTHUS, de POTAMOGETON, *etc.*

Le contraire arrive aux fleurs polypétales incomplètes lesquelles se flétrissent et tombent, ou avant, ou en même temps que les étamines, laissant l'ovaire à nu : comme celles de TULIPA, de LILIUM, *etc.*

Quand la fleur est complète et que son calice est de plusieurs pièces, la fleur l'est indubitablement aussi. Mais si le calice étant d'une seule pièce, la fleur paraissait l'être pareillement, alors pour prononcer juste, il faut avoir recours à l'origine des étamines : car si elles partent des parois de la fleur, c'est une marque assurée qu'elle est monopétale, comme celle de la GRANDE GENTIANE : au lieu que si elles sortent immédiatement de la base de l'ovaire, c'est signe que la fleur est polypétale. Donc il faut rapporter la fleur de FICOÏDE parmi les polypétales quoi qu'on l'ait mise au rang des monopétales (Mem. de l'Acad R. des Sc. Ann. 1705, p. 239).

Dans les fleurs mâles, ainsi que dans les Hermaphrodites, le nombre des testicules ou étamines, n'est pas d'un petit secours pour débrouiller les monopétales des polypétales ; les premiers n'ayant communément qu'autant de testicules que de découpures, comme dans les fleurs des plantes RUBIACÉES, BORRAGINÉES, et quelquefois elles en ont moins comme les fleurs de VERONICA, LIGUSTRUM, de quelques espèces de JASMIN, *etc.* Et je ne sache guère que celle de STYRAX, de COTYLEDON MAJOR, d'ARBUTUS, de VITIS IDÆE, d'ERICA, d'ACACIA, de MIMOSA, d'INGA, et de quelques autres plantes LÉGUMINEUSES, qui aient plus d'étamines que de découpures. Au lieu que le plus grand nombre des fleurs polypétales, tant celles qui portent sur l'ovaire, que celles qui le renferment, soit qu'elles soient complètes ou incomplètes ont plus de testicules que de pétales. La fleur de BALSAMINA, par exemple a cinq testicules contre quatre pétales ; celle d'HIPPOCASTANUM, sept contre cinq ; celle de CARDAMINUM et de l'ACER, huit contre cinq ; celles des plantes crucifères, six contre quatre, quelquefois plus (ce qui est fort rare) mais jamais moins. Les fleurs d'HERBA PARIS, de GEUM, de SAXIFRAGA, de SEDUM, d'ANACAMPSEROS, de SALICARIA, d'ONAGRA, de CHAMÆNERION, de FRAXINELLA, de CARYOPHYLLUS, de LYCHNIS, de MYOSOTIS, de quelques ALSINE, de toutes les plantes LÉGUMINEUSES PAPILIONACÉES, de l'OXYCOCCUS, de l'AZEDARACH, et d'OXYS, ont toutes une fois plus de testicules que de pétales. Celles d'HARMALA en ont quinze contre cinq ; et si du restant prodigieux de ces sortes de fleurs, on en excepte seulement celle des OMBELLIFÈRES et de quelques autres genres dans lesquels on rencontre les testicules et les pétales en nombre égal, les fleurs de tous les autres genres en ont pour ainsi dire, des légions.

À l'égard des fleurs monopétales hermaphrodites dépourvues de calice, j'en ai remarqué de quatre sortes par rapport au nombre de leurs testicules comparé à celui de leurs découpures. Dans la première sorte on trouve moins de ceux-ci et plus de celles-là. Dans la seconde, le nombre des uns et des autres est égal. Dans la troisième on compte une fois plus de testicules que de découpures. Et dans la quatrième sorte, le nombre de ces organes masculins est encore plus grand que dans celle de la troisième.

De la première sorte sont les fleurs de VALÉRIANA, de VALERIANELLA, de BLITUM, d'ALCHIMILLA, d'ORCHIS, d'ELLEBORINE, de CALCEOLUS, de LOMODORUM, d'OPHRIS, de NIDUS AVIS et de plusieurs autres plantes LILIACÉES.

De la seconde sont celles de RHABARBARUM, de BETA, d'ATRIPLEX, d'HERNIARIA, de PARIETAIRE, de POLYGONUM, de FAGOPYRUM, de KALI, d'AMARANTHUS, etc.

De la troisième, je ne connais encore que la fleur de KNAWAL ou d'ALCHIMILLA GRAMINEO FOLIO, MAJORI FLORE, J. R H. 508[67].

Enfin, entre les fleurs de la quatrième et dernière sorte sont surtout les fleurs de TITHYMALUS.

Il ne faut pas finir, Messieurs, sans vous faire observer que lorsque les fleurs monopétales qui sont accompagnées de l'ovaire, ne sont pas des expansions continues de la peau de leur support, elles sont toujours percées dans le fond. Et si cela n'était pas, comment voudrait-on qu'elles donnassent passage à cet ovaire ou à ses trompes ? On nous dit pourtant positivement, (dans une méthode un peu trop vantée) que la fleur de l'ANDROSACE, n'est point percée ; et que celle de la petite CENTAURÉE, du PLANTAIN, de POLYGALA et du CHÈVREFEUILLE, sont fermées dans leur fond, bien que ces diverses fleurs soient à calice.

Voilà, en général, Messieurs, l'idée qu'il faut se former de la structure des fleurs, de leurs différences et de l'usage de leurs parties. Avant que d'en venir à la démonstration des genres, j'en établirai toujours le caractère conformément à la méthode que j'avais déjà donnée au public ainsi que mon *Herbier des environs de Paris*, si mon peu de santé me l'eût permis. Car de prétendre avec un auteur célèbre que la plupart de ces genres soient établis seulement par rapport à une structure, bien ou mal entendue, des deux sortes de parties dont il s'est servi, et à certaines ressemblances qu'il s'est imaginé qu'elles ont avec des choses connues auxquelles il les compare, c'est en vérité se moquer. Et pour le peu qu'on suive une méthode qui ne roule que sur des principes si vagues et si passagers, on en est bientôt dégoûté.

Aussi ne voit-on que quelques brocheurs de nouveaux genres qui, étant éblouis de son riche clinquant – je veux dire, de la beauté et de la multitude de ses figures dont les trois quarts sont inutiles –, et étant persuadés par les témoignages authentiques de l'auteur, que cette *méthode est excellente, qu'il n'est guère possible d'en réduire d'autres en pratique, et que c'est la seule qui se puissent accommoder à l'usage.* On ne voit, dis-je, que ces Messieurs, qui, pleins de confiance, osent marcher de pied ferme dans ce champ encore plus hérissé de ronces et d'épines qu'il n'est surchargé de portraits de fleurs et de fruits. Eh, qui ne se récrirait pas à l'aspect de toutes leurs méprises ?

▮ ▥ 67. *Ibid.*

# SITUATIONS

## (TOUJOURS) TROP HUMAIN
## Un commentaire sur *Comment pensent les forêts* ? d'Eduardo Kohn [1]

Philippe Descola

Voilà plus de vingt ans que je prends plaisir à débattre épisodiquement avec Eduardo Kohn. Au sein de la communauté plus large des anthropologues amazonistes, nous appartenons à cette même petite tribu, celle des ethnographes qui ont eu le privilège de vivre dans l'*Oriente*, ainsi que l'on appelle localement cette petite portion de l'Amazonie qui se trouve sous juridiction équatorienne. Et c'est dans cette région particulière des contreforts des Andes qu'il nous a été donné à tous deux de tisser des liens durables avec les habitants humains et non-humains de ses denses forêts. En dépit des grandes différences de langue et d'ethos qui séparent les groupes indigènes vivant dans cette partie de la haute Amazonie, et en dépit aussi de la variété des relations historiques que ces populations ont entretenu ou cherché à éviter avec les principales sources de pouvoir colonial et postcolonial, celles-ci partagent indéniablement certaines habitudes communes, façonnées par des siècles d'interactions entre voisins, pour certains des étrangers assimilés. Transmises et également partagées par les ethnographes de ces populations, ces habitudes ont eu pour effet de créer entre eux de solides liens d'affinité. Ainsi, lorsque Kohn parle des Runa quichuaphones d'Avila, je me sens en territoire connu. Avec le temps, il est également devenu évident pour moi que c'était là quelqu'un qui proposait une approche complètement nouvelle de cet agencement hybride complexe qui nous avait tous deux tant attirés dans l'Amazonie équatorienne, une approche nourrie par une triple expertise – une sensibilité ethnographique aiguë, une attention soutenue à la pragmatique des usages de la langue, de même qu'une compréhension très précise des processus écologiques et biologiques tropicaux. Les travaux préalables de Kohn ont largement tenu cette promesse d'originalité : en particulier son analyse remarquablement subtile de l'interprétation des rêves des chiens, qui laisse entrevoir une forme de socle sémiotique commun partagé par les humains et certains non-humains (Kohn 2007).

■ 1. Philippe Descola, "All too human (still): A comment on Eduardo Kohn's How forests think", HAU: *Journal of Ethnographic Theory* Vol. 4 (2), p. 267-273. DOI: http://dx.doi.org/10.14318/hau4.2.015 © Philippe Descola. Traduit avec l'aimable autorisation de l'auteur. La traduction de ce texte, revue et corrigée par l'auteur, reprend de larges passages de sa préface à l'édition française du livre de Kohn, paru en 2017 chez Zones Sensibles [NdT].

Ces dernières années, pourtant, j'avais eu plus de difficultés à suivre la direction prise par ses recherches. Nos conversations à Paris, lors de son séjour à l'École des Hautes Études en Sciences Sociales en 2011, m'avaient laissé la nette impression que Peirce et la discussion de sa sémiologie occupaient désormais massivement le devant de la scène, tandis que les Runa et les êtres avec qui ils partageaient leur existence se voyaient de plus en plus relégués en arrière-plan. Ce n'est qu'après avoir commencé à lire *Comment pensent les forêts* (Kohn 2017 [2013]) que j'ai pu entrevoir ce dont il avait cherché à se saisir toutes ces années, réalisant du même coup l'étendue et l'originalité du projet intellectuel qu'il s'était donné pour tâche d'accomplir.

Le problème que Kohn examine brillamment dans ce livre a trait à la difficulté dans laquelle certains d'entre nous, associés à ce que l'on a appelé l'approche post-humaniste, nous sommes trouvés empêtrés. Pour le dire simplement, le projet de repeupler les sciences sociales avec des non-humains, et ainsi de déplacer le foyer des analyses en ajoutant à la seule approche interne des conduites sociales et des institutions l'étude des interactions des humains avec les animaux, les plantes, les processus physiques, les artefacts, les images et d'autres formes d'êtres (ou de ces entités les unes avec les autres), ce projet, dans sa forme la plus récente[2], est issu de deux lignages intellectuels très différents. Le premier procède des efforts conjoints de Callon et Latour ; il prend racine au sein du programme des études de sciences et technologies et s'est fixé pour but de remplacer l'approche sociale-constructiviste traditionnelle en sociologie des sciences par une analyse en termes d'acteur-réseau qui dépouillerait en partie les humains de leur hégémonie comme agents sociaux. L'autre lignage considère Lévi-Strauss comme ancêtre apical et a trouvé en Amazonie son premier champ d'expansion prédatrice. Il procède de l'ambition initialement partagée par Eduardo Viveiros de Castro et moi-même d'échapper à certains des dualismes anthropologiques majeurs – nature et société, individu et collectif, corps et esprit – tout en conservant le principe structuraliste de base que le monde ne doit pas être vu comme le terrain de jeu exclusif des humains, mais plutôt comme une gigantesque gamme de différences significatives entre des qualités et des êtres, une gamme qui peut être systématiquement organisée non pas en dépit de, mais grâce à ces différences[3]. Ces deux lignages indépendants sont devenus des compagnons de route dans ce que l'on a appelé le tournant ontologique dans la mesure où, malgré les nombreuses différences qui nous séparent, nous partageons les mêmes prémisses, à savoir que les sources de la pluralité des êtres et des régimes d'existence se situent à un niveau plus profond que le niveau socioculturel traditionnellement étudié par l'anthropologie. Ce niveau, qu'on pourrait nommer antéprédicatif ou émergent – pour utiliser une expression chère à Kohn – est celui dans lequel humains et non-humains deviennent conscients les uns des autres, et développent des formes de relation

---

■ 2. Bien entendu, ce projet peut se réclamer d'un certain nombre de prestigieux précurseurs qui ont anticipé ces élaborations contemporaines, Gregory Bateson au premier chef.
■ 3. Le panorama est évidemment bien plus complexe que ce qu'esquisse cette typologie grossière. Outre ces deux lignages, et en désaccord amical avec ceux-ci, un certain nombre d'individualités influentes ont également attaqué l'anthropocentrisme des sciences sociales d'une grande variété de points de vue. Parmi mes préférés comptent Augustin Berque, Tim Ingold, Marylin Strathern et Roy Wagner.

antérieures aux processus habituels de catégorisation et de communication insérés dans des cadres historiquement et linguistiquement contingents.

Le principal problème que ce second lignage doit affronter est le rôle structurant que le symbolisme y joue, symbolisme qui fut inclus dans son programme initial par Lévi-Strauss quand il fonda son entreprise sur l'affirmation que le langage offre tout à la fois un modèle pour la totalité de la vie sociale et un espoir que l'étude de celle-ci puisse devenir un jour aussi scientifique que l'étude de celui-là. Le langage et les propriétés de nature langagière dont les symboles sont investis apparaissent fondamentaux pour Lévi-Strauss, que ce soit dans leur dimension saussurienne (le sens envisagé comme l'effet d'oppositions contrastives) ou dans leur dimension praxéologique (l'interaction sociale envisagée au premier chef à la manière d'un échange de signes linguistiques). Et ce que Lévi-Strauss appelle parfois la fonction symbolique est à ses yeux cette capacité analogue au langage dont jouissent les humains de donner sens au monde en détectant en lui des traits saillants qui peuvent être organisés en ensembles contrastifs. Or, si les interactions entre humains et non-humains sont prises uniquement sous cet angle, cela présente un obstacle formidable à l'objectif de purger l'anthropologie de son anthropocentrisme, car les non-humains, faute de langage articulé et de l'aptitude à la production de symboles arbitraires, ne peuvent dès lors qu'être condamnés à demeurer les objets dociles de la cognition et de l'inventivité humaine, de simples paquets de qualités que les humains détectent et organisent en schèmes symboliques. Pour que les non-humains deviennent des agents à part entière, il leur faut pouvoir échapper à cette passivité induite par le rôle exorbitant dévolu aux symboles dans la vie sociale. Il existe plusieurs stratégies d'évitement pour pallier ce problème, mais aucune n'est vraiment satisfaisante. Par exemple, on peut raisonner dans les termes des *affordances* de Gibson, donnant ainsi une marge d'action à l'objet représenté, l'autorisant à attirer le sujet percevant dans sa sphère d'influence ; ou bien on peut essayer d'éviter complètement l'usage des mots « symbolique » et « symbolisme », ou encore abandonner l'idée même de représentation, en espérant ainsi que les processus qu'elle qualifie disparaîtront du même coup par la simple vertu de n'être pas évoqués ; on peut s'intéresser de façon privilégiée aux signes non-symboliques, les images par exemple ; on peut enfin, en dernier recours, se laisser aller à la phénoménologie.

C'est une autre solution que Kohn propose à ce problème : elle est simple, élégante et radicale. Adoptant la triade sémiologique de Peirce, il avance que les signes iconiques (qui partagent une ressemblance avec ce dont ils tiennent lieu) et les signes indiciels (qui sont dans une relation de contiguïté spatiale ou temporelle avec ce qu'ils représentent) doivent être introduits dans l'analyse anthropologique, non seulement comme des suppléments aux signes symboliques et afin d'enrichir la sémiose humaine – une proposition que d'autres ont faite avant lui –, mais aussi et surtout parce que les icônes et les indices sont des signes dont les organismes non-humains se servent pour se représenter le monde et qui permettent à des formes de vie très différentes de communiquer. Leur étude offrirait ainsi un moyen de rassembler les humains et les autres êtres vivants dans une sémiose plus englobante, tout en fournissant la pierre angulaire d'une anthropologie « au-delà de l'humain ». En d'autres termes, il ne serait nullement nécessaire de vouer les représentations aux gémonies comme si elles étaient des processus eurocentriques et intrinsèquement pervers de dissociation entre les mots et les choses empêchant un accès véritable à, et une pleine expérience de, la richesse du monde. Car il existe d'autres formes de représentation que celle qui emploie des symboles arbitraires, de sorte que rendre présent quelque chose d'absent – soit parce qu'il n'est plus là, soit parce qu'il n'est pas encore arrivé – convertit en « sois » tous les êtres qui possèdent cette disposition, c'est-à-dire, selon Kohn, tous les organismes.

L'une des choses notables dans *Comment pensent les forêts* est l'interpénétration complexe – souvent servie par une écriture superbe – de propositions théoriques subtiles et d'une ethnographie plus subtile encore. Les chapitres 3 et 4, en particulier, contiennent des analyses parmi les plus profondes qui ont été écrites sur la difficile question de ce que cela signifie, dans ce que j'appelle une ontologie animiste, de dire qu'un non-humain est doté d'une « âme », et de la façon dont il est possible pour un humain de communiquer avec des animaux ou d'occuper leur point de vue. Kohn affirme, et cela semble convaincant, qu'il a été conduit à développer son « anthropologie-au-delà-de-l'humain » par les Runa eux-mêmes, et non par des ruminations philosophiques. Les descriptions que ses hôtes lui ont faites de leurs relations avec d'autres êtres indiquent et amplifient « certaines propriétés du monde » ; de ce fait, ces descriptions ne se prêtent pas seulement à des analyses ethnographiques intéressantes, elles fournissent aussi la matière de généralisations philosophiques ; elles ne sont pas seulement des objets « bons à penser », elles sont aussi des outils « bons à penser avec ». Ainsi en va-t-il, parmi maints exemples, de l'analyse que Kohn consacre à la question de savoir pourquoi les Runa interprètent littéralement les rêves de leurs chiens tandis qu'ils interprètent métaphoriquement les leurs. Les rêves des Runa leur donnent accès, entre autres champs, au domaine des esprits maîtres du gibier, un domaine dans lequel tout est distordu, au sens où ce que les Runa voient est ce que ces esprits voient – les animaux chassés comme animaux domestiques, la végétation de la forêt comme des jardins plantés – et non ce que les humains voient habituellement. Dans la mesure où les rêveurs épousent le point de vue des êtres puissants auxquels ils rendent visite dans leur sommeil, ils doivent recourir à une interprétation métaphorique de leurs rêves pour corriger cette vision et la rendre productive pour leur propre usage. L'interprétation des rêves, un trait fondamental de la vie quotidienne des Amérindiens de l'Amazonie équatorienne, devient ainsi un mécanisme permettant « [d']aligner les points de vue situés des êtres qui habitent différents mondes » (Kohn 2017 [2013] : 192). En revanche, les Runa interprètent littéralement les signes (principalement iconiques) qu'ils déchiffrent dans le comportement de leurs chiens lorsqu'ils dorment : ils emploient avec eux un « pidgin trans-espèces » car, dans une large mesure, les chiens partagent la vue que leurs maîtres ont d'autres êtres, étant donné que leurs maîtres entraînent chaque jour leurs chiens dans leur propre domaine subjectif. Grâce à une analyse raffinée des divers régimes sémiotiques dénotant chacun des états subjectifs prêtés à ces espèces, Kohn est parvenu à amener le thème amazonien classique des continuités et des discontinuités de perspectives entre espèces à un nouveau niveau de conceptualisation.

Inévitablement, comme dans tout programme ambitieux qui entend reformuler les fondements d'un domaine d'enquête, les propositions de Kohn soulèvent plusieurs questions délicates. La première a trait au haut degré de polysémie des termes qu'il utilise. Pour commencer par ce qui pourrait sembler un détail trivial, je me suis demandé pourquoi les « forêts » du titre étaient au pluriel. Alors que « l'anthropologie-au-delà-de-l'humain » de Kohn est censée s'appliquer à n'importe quel ensemble de formes de vie à n'importe quel endroit, les analyses qu'il produit sont en fait calibrées pour un ensemble spécifique d'interactions au sein d'un ensemble spécifique d'organismes appartenant à un contexte géographique spécifique : les Runa ne vivent pas dans la taïga de la Sibérie septentrionale, ni dans la forêt de chênes de l'Europe tempérée ou la forêt de pins des montagnes du Moyen-Orient. Ils vivent dans un environnement très particulier, les forêts montagneuses de l'Équateur oriental, dont les caractéristiques écologiques n'ont d'équivalent nulle part ailleurs en Amazonie[4] et je doute qu'un grand nombre des analyses de Kohn puissent s'appliquer à d'autres types d'écosystèmes. Il le reconnaît implicitement : chaque forêt, chaque montagne, chaque lac pense d'une manière propre, car le réseau sémiotique qu'il nourrit, de même que les formes générées par l'écosystème au sein duquel ce réseau sémiotique se déploie, sont calibrés pour des formes de vie spécifiques, pour des liens de causalité environnementaux spécifiques, et pour des interprétants spécifiques. La pluralisation des « forêts pensantes » semble révélatrice de la tendance de Kohn à étendre progressivement la portée du sens de ses concepts bien au-delà des limites qu'il leur avait fixées initialement, leur faisant perdre avec cette extension de la productivité de leur définition originale.

Je me limiterai à quelques exemples. Étendant quelque peu la définition que Peirce donne d'un signe, comme quelque chose qui tient lieu pour quelqu'un de quelque chose sous quelque rapport, Kohn qualifie ce quelqu'un de soi, pas nécessairement humain, du moment qu'il s'agit du quelqu'un pour qui le signe est signifiant. Il s'ensuit de cette définition que les museaux allongés et les langues des fourmiliers peuvent être décrits comme des interprétations de la géométrie des tunnels de fourmilières, au sens où ceux-ci sont devenus des signes, pour les fourmiliers contemporains, de la façon dont les fourmiliers du passé leur ont transmis une certaine adaptation à l'environnement de la forêt. Bien que Kohn concède que c'est là une interprétation « éminemment corporelle » (2017 [2013] : 111), on se demande dans quelle mesure le concept « d'interprétation » n'a pas été distendu au point de ne plus être reconnaissable, et au point que son utilité devienne douteuse. Dans le chapitre le plus célèbre de son *Almanach d'un Comté des Sables*, Aldo Leopold (1995 [1949]) enjoint au lecteur de « penser comme une montagne », c'est-à-dire à visualiser les processus écologiques comme s'il était le lieu des interactions entre les organismes vivant sur ses versants (en l'occurrence, les relations entre les loups, les cerfs qui broutent, la végétation et l'érosion). Il n'est pas question

▩ 4. Voir, par exemple, Grubb, Lloyd, Pennington et Whitmore (1963).

d'interprétation ici, seulement de la transposition d'une expérience relationnelle à une autre échelle ; c'est écrit d'une façon simple et anecdotique, à la manière de Thoreau, mais cela semble permettre de saisir, plus efficacement qu'une approche sémiotique, la nécessité vitale d'épouser d'autres points de vue. Et de fait Kohn retombe sur cette même définition des sois un peu plus loin dans le livre : « tous les êtres, et pas seulement les humains, sont en interaction avec le monde et les uns avec les autres *comme des sois, c'est-à-dire comme des êtres qui ont un point de vue* » (Kohn 2017 [2013] : 180, je souligne). Mais, si être un soi découle du fait d'avoir un point de vue spécifique, et si le fait d'avoir un point de vue spécifique est le produit de certaines dispositions corporelles et de la position qu'on occupe dans l'écologie des relations (une qualification assez commune de ce que c'est que d'être un soi en Amazonie), alors toute la notion d'une sémiose cosmique semble devoir devenir superflue, puisque ce qui est en jeu ici est la façon dont des êtres vivants et non-vivants entrent en relation les uns avec les autres selon les types de connexion que leurs attributs physiques autorisent. Certaines de ces connexions peuvent entrer dans la rubrique « interprétation » ou « représentation » si elles impliquent des signes iconiques et indiciels pris dans leur sens le plus large mais la plupart d'entre elles seront probablement le résultat de processus physiques et chimiques non-représentationnels, du type de ceux que von Uexküll a mis en lumière.

La même chose pourrait être dite de la conception extensive qu'a Kohn de la vie (et son usage paradoxal pour limiter le champ d'expansion d'une anthropologie-au-delà-de-l'humain). C'est un livre très biophile, mais d'une manière très différente de la biophilie péripatétique de Tim Ingold (2011) : nombre de choses et de processus sont vivants, des signes et pensées jusqu'aux phénomènes auto-organisés, non pas parce qu'ils sont en flux mais parce qu'ils finissent par « faire des choses » dans le monde. D'où la distinction claire parmi les êtres non-humains entre ceux qui sont vivants (et pensent, représentent, interprètent) et ceux qui ne le sont pas : « la vie pense ; les pierres non » (Kohn 2017 [2013] : 142). Mais les pierres sur lesquelles je trébuche « font des choses dans le monde », de même qu'une image de la Vierge, la radioactivité, un cadran solaire, et bien d'autres objets « sans vie » et « sans pensée ». Assimiler, comme le fait Kohn, l'agentivité, la pensée et la sémiose laisse ainsi un grand nombre de non-humains de côté, au-delà des limites d'une anthropologie-au-delà-de-l'humain – qui devrait dès lors peut-être être rebaptisée « biosémiologie ». C'est fâcheux. Malgré le flou conceptuel de la catégorie purement descriptive de « non-humain » (que la plupart de ceux qui l'utilisent reconnaissent volontiers), l'introduction de cette notion passe-partout dans les sciences sociales a eu la vertu de mettre en évidence une ambition de recruter des quantités de nouveaux actants, afin de rendre le théâtre des interactions du monde plus complexe et, au final, plus intéressant à étudier. Exclure certains d'entre eux de la scène aura pour effet d'appauvrir la vie des autres.

Une autre difficulté que je perçois dans l'approche pansémiotique de Kohn est que, si elle était prise au sérieux, elle demanderait une enquête réelle sur la façon dont les formes de vie traitent *dans les faits* les signes iconiques et indiciels. En attendant, il faut nous contenter de ce que l'anthropologue dit de ce que les Runa disent de la sémiose non-humaine, ce qui après tout n'est pas très éloigné de ce que Kohn critique dans les descriptions anthropologiques traditionnelles des relations entre humains et non-humains. Lorsque Kohn a été enjoint par les Runa de dormir sur le dos afin qu'un jaguar en maraude puisse éventuellement le voir comme un être capable de lui faire face, et ainsi qu'il l'épargne, il a dû faire confiance à ses hôtes, et accepter de croire que la façon dont ils pensaient que les jaguars voient les humains est pertinente pour sa vie dans la forêt. Et c'est probablement là un savoir éprouvé, puisqu'il existe d'autres cas ailleurs où l'on recommande de retourner le regard des grands félins pour les décourager d'attaquer les humains[5]. Mais dans ce cas-là, comme dans toutes les autres situations où Kohn dit qu'il a été conduit par les Runa à inférer qu'un organisme interprétait un signe, nous aurions aimé savoir aussi ce que des enquêtes en éthologie, cognition et perception animales, en biomimétisme ou en communication des plantes, par exemple, auraient eu à dire là-dessus. Encore mieux, j'aurais souhaité que Kohn suive le mouvement d'une nouvelle génération de jeunes scientifiques qui mêlent les approches de l'ethnologie humaine et de l'éthologie animale[6], et qu'il étudie concrètement comment les interprétations réciproques de signes comportementaux et environnementaux ont construit les savoirs respectifs d'humains et d'animaux en relation de coévolution. J'espère tout le moins que ce sera la prochaine étape de Kohn dans la poursuite de ses recherches si remarquablement stimulantes et innovantes. ¡Adelante compadre!

**Philippe Descola**
Collège de France

**Traduit par Grégory Delaplace**

---

■ 5. Par exemple, les villageois de la forêt de mangroves des Sundarbans, dans la Baie du Bengale, portent des masques de visage humain au dos de leur tête afin de ne pas être attaqués par derrière par des tigres (Jalais 2010).
■ 6. Pour un exemple intéressant, voir Lescureux (2006).

## Références

Grubb, P. J., J. R. Lloyd, T. D. Pennington, and T. C. Whitmore. 1963. « A comparison of montane and lowland rain forest in Ecuador I : The forest structure, physiognomy, and floristics.» *Journal of Ecology* 51 (3) : 567-601.

Ingold, Tim. 2011. *Being alive : Essays on movement, knowledge and description.* London : Routledge.

Jalais, Annu. 2010. *Forest of tigers : People, politics, and environment in the Sundarbans.* London : Routledge.

Kohn, Eduardo. 2007. "How dogs dream : Amazonian natures and the politics of transpecies engagement." *American Ethnologist* 34 (1) : 3-24.

–. 2017 [2013]. *Comment pensent les forêts. Vers une anthropologie au-delà de l'humain,* trad. G. Delaplace. Bruxelles : Zones Sensibles.

Leopold, Aldo. 1995 [1949]. *Almanach d'un comté des sables,* trad. A. Gibson. Paris : Aubier.

Lescureux, Nicolas. 2006. "Towards the necessity of a new interactive approach integrating ethnology, ecology and ethology in the study of the relationship between kyrgyz stock-breeders and wolves." *Social Science Information* 45 (3) : 463-78.

# SITUATIONS

## ANIMAL, TROP ANIMAL
## Remarques sur l'usage de la sémiotique dans *Comment pensent les forêts* ? d'Eduardo Kohn

Jean-Marie Chevalier

J e ne suis pas anthropologue, et n'interviens dans le « dossier Kohn » qu'au titre de lecteur de Charles Peirce, dont Eduardo Kohn fait un usage méthodique. Il ne s'agira pas pour moi de « redresser des torts » en prétendant, d'une position autoproclamée d'exégète peircien, démêler l'interprétation juste d'emplois supposés déviants. Cette stratégie condescendante et autoritaire ne produirait certainement qu'un fastidieux pinaillage. Je m'en dispenserai d'autant plus volontiers que Kohn est manifestement lui-même un authentique lecteur de Peirce. Il a le bon goût de revenir presque systématiquement au texte même des *Collected Papers*, qui demeurent une source précieuse – à condition de se souvenir que les textes de cette anthologie thématique (aux choix forcément discutables) ont été réorganisés, souvent tronqués et parfois légèrement réécrits, et que leurs datations sont quelquefois erronées.

J'aimerais m'interroger plus généralement sur les raisons du recours à Peirce et en particulier à sa théorie sémiotique pour étudier un peuple d'Amazonie. Si la sémiotique peircienne a pu bénéficier de quelque chose comme un effet de mode dans les sciences humaines à la fin du XXe siècle – dans une discrétion certes relative, chez des auteurs comme Lacan, Kristeva, Deleuze, ou Roy Rappaport en anthropologie (Rappaport 1999), (*cf.* Chevalier 2012) –, l'intérêt de Kohn pour Peirce a une motivation philosophique bien plus profonde. En appelant à une « ethnographie des signes au-delà de l'humain », Kohn montre que l'étude de l'écologie des Runas dans la forêt requiert des outils d'analyse pour décrypter des signes qui ne relèvent pas que de la symbolique humaine : traces de pas, cris d'animaux, et jusqu'au tracé des cours d'eau, dont Kohn analyse l'arborescence en fonction de la circulation du caoutchouc (Kohn 2017 : 214 *sq.*). Le Peirce « bizarre », selon la formule que Kohn reprend à Alejandro Paz, attire l'anthropologue par la singularité de son concept de représentation « plus large que l'humain », qui semble faire écho au projet d'une enquête anthropologique au-delà de l'humain. La démarche de Kohn semble ainsi reposer sur le parallélisme suivant : une anthropologie débordant l'humain doit s'adosser à une théorie des signes excédant le langage humain. L'essentiel de mon propos consistera à interroger ce parallélisme, son bien-fondé et son efficacité. Je soutiendrai que Kohn a sans doute sous-estimé l'étrangeté de l'étrange Peirce, dont la cosmologie a été qualifiée (Gallie 1952), dans une épithète demeurée célèbre, de « mouton noir » et d'« éléphant blanc » de la métaphysique.

## La vie

Si E. Kohn s'inscrit dans un courant pour lequel l'objet de l'anthropologie n'est plus l'homme (notamment sous l'effet des critiques post-humanistes déniant à celui-ci son caractère exceptionnel), le vivant n'en demeure pas moins au centre de toutes les attentions. L'affirmation peircienne selon laquelle « l'homme est un signe » (W2 : 241) pourrait peut-être servir de slogan à l'anthropologie telle que la conçoit Kohn. Mais un signe pour qui ? Pour Peirce, la question n'a pas de pertinence : l'homme est un signe externe de tout ce qu'il peut signifier. Pour Kohn en revanche, sans doute l'homme serait-il un signe pour lui-même, pour les autres hommes (vivants ou non, car les rêves sont des signes qu'envoient les morts), et pour les animaux qui vivent à son contact. Ce n'est pas un hasard si l'homme de Kohn vit dans la forêt équatorienne, végétation luxuriante abritant des myriades d'espèces animales, plutôt que dans les regs ou la steppe aride. Le prolongement anthropologique de l'homme est animal, et dans une bien moindre mesure, végétal. Car ces forêts qui pensent, ce sont les forêts au sens d'un écosystème composé de poils et de plumes plutôt que de frondaisons. À strictement parler, Kohn ne mentionne pas la pensée de la forêt, et aurait sans doute des réticences à accorder aux arbres quelque chose de l'ordre du mental, *contra* (Maher 2017). S'il y a une « logique de la pensée sylvestre », c'est au sens où la forêt tropicale « amplifie le caractère sémiotique de la vie », constituant ainsi une sorte de laboratoire des espèces. Par exemple, en montrant comment les différences de sols sont amplifiées par les nombreux herbivores (Kohn 2017 : 121), Kohn fait un pas en direction de leur intégration dans le processus général de sémiose ; mais à aucun moment l'ouvrage ne va jusqu'à envisager que la terre, le sable ou les roches puissent être intrinsèquement sémiotiques. « La vie pense ; les pierres non » (Kohn 2017 : 142) : voilà une thèse brutalement opposée à la philosophie de Peirce. Que Kohn s'inscrive dans le tournant animal (trop animal ! ) constitue à mon sens une limite, sinon de son travail d'anthropologue (ce que je ne me permettrais pas de juger, n'étant du reste pas convaincu que l'anthropologue ait beaucoup à gagner à se faire botaniste ou minéralogiste), du moins du recours à la sémiotique peircienne dans ce cadre d'analyse.

Le vivant, et surtout l'animé, donc l'animal, pensent. Pour Kohn, tout ce qui vit pense, et toutes les pensées sont vivantes. En se faisant sémioticien, Kohn analyse alors les performances de la vie en termes de représentation, de signification, et de capacité à indiquer et interpréter des signes. Les chiens interprètent (plus ou moins bien, il leur en cuira) la couleur du pelage d'un animal sauvage. Sans métaphore, le museau des tamanoirs est un signe des fourmilières car sa forme oblongue en *représente* les tunnels, puisqu'au cours de l'évolution, chaque génération successive a *interprété* ce museau comme « portant sur » les tunnels. La logique de l'adaptation est donc intrinsèquement sémiotique. L'apprentissage se manifestant par un changement dans les représentations, c'est un client idéal pour la sémiotique telle que l'entend Kohn.

Dès lors, une adéquation implicite s'établit entre ce qui peut apprendre et ce qui peut être interprété dans un système de signes. Ce qui peut apprendre, ce sont les « sois » – « par opposition aux flocons de neige », qui n'ont pas d'« intelligence scientifique » (Kohn 2017 : 116). Bien frileuse est cette tentative de « décolonisation permanente de la pensée » qu'arrêtent les premiers cristaux de givre, dont la géométrie ne laisse pourtant pas de nous émerveiller. C'est pourtant un lieu commun que de s'interroger sur la « déraisonnable efficacité » des mathématiques, s'extasier devant les merveilles de la nature et admirer la rationalité à l'œuvre dans l'univers. Mais Kohn n'entend la pensée ni comme esprit absolu, ni comme rationalité immanente, ni comme sensibilité de la matière. Or c'est bien dans une perspective cosmologique d'un genre apparenté que s'inscrit la conception peircienne du mental. Sans nécessairement s'embarrasser d'une ontologie et d'une métaphysique, on doit au moins reconnaître que « l'analyse logique des produits de la pensée » s'accompagne d'un « modèle radicalement nouveau du mental » (Tiercelin 2013) chez Peirce. Si le mental était nécessairement le produit de cerveaux, la sémiotique n'aurait sans doute pas de raison d'être, puisque la psychologie suffirait. Or pour Peirce, la sémiotique est une logique formelle.

En effet, Peirce n'est en rien un philosophe de la vie. Le vitalisme d'un Bergson, d'un Deleuze, voire d'un Nietzsche ou d'un James, constitue avec la philosophie peircienne un attelage contre-nature. Il est vrai que Peirce évoque la vie des signes, mais en sens assez imagé, pour décrire la sémiose comme un « processus de nutrition des termes par lequel ils prennent toute leur vie et toute leur vigueur et par lequel ils répandent une énergie presque créative » (W1 : 464). Mais cette énergie est celle que Peirce perçoit dans la logique formelle et la rationalité, bien différente de l'intuition d'un élan vital. Le problème de savoir « s'il y a une vie des signes », et si outre une répétition indéfinie des mêmes formes (comme chez Hegel) il existe « une histoire vivante plus large, à laquelle participe chaque symbole doté d'un véhicule de vie », est la grande question de la logique objective (CP 2.111). Si Kohn en revanche entend étudier en Amazonie les rencontres non-humaines, c'est pour connecter l'homme à un monde de la vie plus large, qui ne soit pas seulement fait de culture, de société et d'histoire.

Le postulat – soit présupposé méthodologique, soit hypothèse dont la confirmation serait apportée par l'enquête de terrain de l'anthropologue, et en définitive par l'ensemble de l'ouvrage – est le suivant : il faut et il suffit d'être en vie pour utiliser des signes (notamment en signifiant, interprétant et communiquant). Les êtres vivants sont tous conduits à manipuler les signes, et eux seuls peuvent le faire. La raison est que la vie est essentiellement sémiotique. Or il ne saurait revenir à la philosophie peircienne d'en apporter la preuve, puisque cette thèse est absolument anti-peircienne. C'est pourquoi Kohn se tourne vers la biosémiotique. Le lancinant mantra « La vie est sémiotique », qui traverse l'ouvrage de part en part, donne aux signes une place fonctionnelle dans l'économie de la vie biologique non-humaine. Ce n'est ni la motivation, ni la signification, ni l'originalité des signes tels que Peirce les a théorisés. Il peut donc sembler que Kohn « lisse » Peirce en le biosémiotisant. Les références à Uexküll, Bateson, Hoffmeyer, Kull et Deacon infléchissent la sémiotique dans le sens d'analyses biologiques relativement plus convenues que ce qu'eût apporté le Peirce « bizarre ». Car si, effectivement, Peirce lui aussi « décolonise l'humain », ce n'est pas en direction du vivant, mais dans un esprit plus objectiviste, celui de la rationalité et de la normativité logique. Kohn est conduit à en adopter une version appliquée. Au-delà de l'humain : si c'est pour aller jusqu'à l'animal, le pas franchi est un pas de fourmi.

Il n'est dès lors pas question de comparer les mérites respectifs de la sémiotique peircienne et de la biosémiotique, mais de regretter qu'en demeurant dans un entre-deux incertain, Kohn ne pratique ni l'une ni l'autre. Car malgré ces remarques, on ne pourrait aller jusqu'à prétendre que Kohn se fait biosémioticien. Comme le souligne Philippe Descola dans son commentaire[1], pour ce faire il aurait dû étudier les relations du vivant dans son environnement, sans se limiter à ce que les Runas en disent. Sans doute cette différence ouvre-t-elle pour Kohn l'espace proprement anthropologique – le risque d'une anthropologie non-humaine étant bien sûr, à la limite, de ne plus du tout être une anthropologie.

## Les « sois »

Comment les humains *et les animaux* se représentent-ils le monde ? Telle est la question qui paraît au cœur de l'enquête de Kohn. D'où la centralité de la notion de *soi*. Pas moins que les hommes, les animaux sont pourvus de séité, dont le critère est la pensée sémiotique, qui s'identifie elle-même à la vie. L'anthropologie étudie la relation des « sois » au monde ; et toute relation étant représentation, elle étudiera la façon dont les « sois » se représentent le monde. Outre les représentations individuelles et collectives humaines, il faut prendre en compte les pensées « écologiques » des animaux – ceux-ci étant à la fois objets et sujets de représentation.

J'aimerais m'interroger sur l'usage du substantif « soi » au pluriel, qui n'est guère attesté, même chez des philosophes à l'inventivité linguistique généreuse. Traduction de l'anglais *selves*[2], les « sois » désignent tous les êtres dotés d'une capacité de représentation par des signes, autrement dit de signification. N'est-ce pas assez exactement ce que toute la tradition philosophique a toujours nommé des sujets ? Certes, nul ne prendrait aujourd'hui le risque de passer pour « cartésien, trop cartésien », et sûrement pas qui entend lutter contre une conception de l'homme insulaire et intellectualiste – et de fait, Kohn n'échappe pas au lieu commun de la tirade anticartésienne. Le *self* désigne pourtant le sujet – ici sujet non pas du discours mais de la représentation. Les nombreux détours et périphrases pour circonscrire le caractère révolutionnaire de cette conception sont-ils réductibles à l'attribution

---

1. *Cf.* p. 93 de ce numéro.
2. Le parti pris de traduction est fort compréhensible, la réintroduction du « sujet » étant contraire à l'esprit de l'ouvrage. On pourrait s'interroger sur la difficulté à rendre en français des concepts qui bénéficient peut-être en partie d'une plus grande labilité de l'anglais ; ainsi des « touts ouverts » (*open wholes*), pratiques « corporées » ou « lieux d'à-propos » (*locus of aboutness*).

d'une forme de subjectivité aux animaux ? Dans la mesure où elle ne serait pas définie par une vie intérieure, un flux de conscience ni une capacité réflexive, mais par la capacité interprétative de signes, peut-être. « "Nous" ne sommes pas les seules sortes de *nous* » signifierait ainsi : l'homme n'est pas le seul animal à coder et décoder des signes, puisque ceux-ci ne se réduisent pas aux seuls symboles. La sorte d'animisme revendiquée par Kohn consiste à attribuer une « âme » aux animaux – ce que l'étymologie s'était chargée de faire – du fait de leur capacité de prendre conscience de changements dans l'environnement. Dans l'écologie des sois, tous les sois ont une âme. A-t-on besoin, pour comprendre « comment l'esprit vient aux bêtes », de s'interroger sur la conception peircienne de l'âme ? Cela paraît hasardeux, et plus encore l'énoncé suivant : « Peirce considère l'âme comme un marqueur de communication et de communion entre les sois. Il considère que l'âme permet de saisir certaines propriétés générales inhérentes à un soi sémiotique vivant, en interaction constitutive avec d'autres sois. » (Kohn 2017 : 151) Pour asseoir cette affirmation quelque peu surprenante, l'auteur renvoie en note à un extrait de l'article « La Doctrine des chances » de 1878 (CP 2.654), qui porte sur l'examen de difficultés liées aux théories de la probabilité. L'extrait, qui conclut au principe social de la logique, n'éclaire pas la conception peircienne de l'âme (laquelle supposerait sans doute un recours à la psychophysique de son temps), mais il mobilise l'idée d'une communauté d'enquêteurs tournés vers la recherche de la vérité. Cette notion de communauté, omniprésente chez Peirce (qui va jusqu'à définir l'individu comme une communauté de signes), s'accorde avec l'idée d'une cognition étendue à l'*autre*. Mais l'horizon de la sémiotique peircienne va bien au-delà d'une intersubjectivité.

En renonçant au concept d'âme, on pourrait plutôt définir les « sois » comme les êtres pour qui un signe est signifiant. Le soi est capable d'interpréter les signes. Dans son commentaire, Descola manifeste l'inquiétude suivante : « on se demande dans quelle mesure le concept "d'interprétation" n'a pas été distendu au point de ne plus être reconnaissable, et au point que son utilité devienne douteuse[3] ». Je ne dirais pas pour ma part que la notion d'interprétation est douteuse, mais celle d'interprète l'est certainement d'un point de vue peircien. Si Peirce a décidé de nommer l'entité qui interprète les signes « interprétant » plutôt qu'« interprète », c'est pour ôter à la notion toute connotation de subjectivité. L'interprétant est ce qui fait écho au signe en lui donnant une signification, et qui en fait par là un signe. À ce titre, tout objet peut fonctionner comme signe, dès lors qu'un interprétant vient lui conférer une signification. Le panneau circulaire rouge barré de blanc en vient à signifier « sens interdit » dès lors qu'il est « vu comme » représentant une loi ; cette signification lui est conférée par le code Rousseau aussi bien que par tel automobiliste faisant demi-tour en l'apercevant. « Ainsi, l'interprétant d'un terme et ce pour quoi il tient lieu sont identiques. » (W1 : 467) L'interprétant est une signification. Il peut être défini comme « une représentation qui représente le fait qu'une chose est une représentation d'une autre chose dont elle est elle-même la représentation » (W1 : 474). A représente B et B

ANIMAL, TROP ANIMAL

représente A, le panneau de signalisation représente le code de la route et le code représente le panneau : voilà ce que dit l'interprétant. Les interprétants d'un signe sont les différents signes « déterminés légitimement et à dessein » (MS 31) pour signifier différentes choses, c'est-à-dire autorisés par le signe en question. On comprend que l'interprétant « remplit l'office d'un interprète » (W2 : 54), mais au sens où il *est* une signification : « L'interprétant se réduit à ce que le signe lui-même détermine dans l'esprit de l'interprète. » (MS 318) Un interprète n'est finalement qu'un interprétant parmi d'autres, l'interprétant vivant doté d'un esprit. Si Kohn s'interdit à juste titre de voir dans les arbres, les rochers et les cours d'eau des interprètes, en revanche le concept d'interprétant lui aurait permis de les inclure dans son anthropologie : sans paradoxe ni métaphore, le cours d'eau est un authentique interprétant de l'économie du caoutchouc – dans les termes de l'auteur : la distribution des arbres à caoutchouc à travers la forêt amazonienne suit le « pattern fluvial » (Kohn 2017 : 216). Faute de cet opérateur crucial de la sémiose qu'est l'interprétant, Kohn n'utilise pas la sémiotique peircienne dans toute son ampleur. De même qu'il est possible d'étudier les signes mentaux seulement, et donc de faire de la psychologie – contre laquelle Peirce n'a absolument rien à redire, sauf si cet usage prétend se substituer à l'étude logique de toutes les relations sémiotiques –, de même il est possible de se concentrer en particulier sur les signes associés au vivant. Mais alors, pour reprendre les mots de Philippe Descola auxquels Peirce aurait probablement souscrit, « toute la notion d'une sémiose cosmique semble devoir devenir superflue »[4].

Dans un passage de *Comment pensent les forêts*, la tentative pour faire coïncider la vision du soi comme interprète avec la sémiotique peircienne donne lieu à une surprenante distorsion. Kohn écrit : « Comme l'illustre le tamanoir, ce "quelqu'un" – ou ce soi, comme je préfère le nommer – n'est pas nécessairement humain » (Kohn 2017 : 112). Mon tamanoir, c'est quelqu'un. À l'appui de cette idée, on lit sur la même page que « l'une des contributions les plus importantes de Peirce à la sémiotique » est d'avoir montré que « les signes tiennent lieu de quelque chose en relation à un "quelqu'un" (Colapietro 1989 : 4). » N'ayant pas trouvé, et pour cause, dans le texte peircien l'idée que les signes sont en relation à un « quelqu'un » – l'interprétant n'étant qu'exceptionnellement un esprit (au point que Peirce forgera la notion de « quasi-esprit ») –, Kohn se trouve acculé à remplacer dans sa phrase le concept peircien d'interprétant par une citation de Vincent Colapietro, seul commentateur de Peirce (sauf erreur) à figurer dans la bibliographie ! Le livre de Colapietro, qui soutient une thèse controversée selon laquelle l'anti-cartésianisme de Peirce ne l'empêche pas d'être un philosophe de l'intériorité, de la conscience et du soi, n'a pas toujours été bien reçu par le milieu des peirciens (Liszka 1990). Et quoi qu'il en soit, l'idée que la sémiotique de Peirce ouvre « la voie à une psychologie qui peut être naturaliste sans être réductionniste » (Colapietro 1989 : 56) ne sert guère l'anthropologie. Le *self* de Colapietro est un sujet psychologique, et sa contestable substitution à l'interprétant peircien n'intéresse pas le projet de Kohn.

▮ ▥ 4. *Ibid.*

Sans vouloir donner à cette substitution plus d'importance qu'elle n'en a dans l'ensemble de l'ouvrage, elle me semble révélatrice de la tendance à interpréter à tout prix l'externalisme peircien en un sens le moins linguistique, logique et métaphysique possible. L'affirmation peircienne selon laquelle « nous ne sommes pas enfermés dans une boîte de chair et de sang » est comprise dans le sens d'une cognition étendue, car « la vie s'étend aussi au-delà » (Kohn 2017 : 147). Pour Peirce, la boîte crânienne n'est pas une frontière, car à l'intérieur comme à l'extérieur travaillent les relations logiques, la vie des signes, l'« évolution agapastique » combinée à la nécessité mécanique et au hasard absolu. L'au-delà de l'humain se confond ultimement avec la « logique des événements », en vertu de laquelle « l'ensemble de l'univers et chacun de ses traits doit être considéré comme rationnel » (CP 6.218).

## Symboles, indices et icônes

Kohn présente le cadre peircien explicatif de la spontanéité, de la croissance et de la vie des signes dans les mondes humains et non-humains. Il évoque à cette occasion la triade phénoménologique et métaphysique que constituent les trois catégories de priméité, secondéité et tiercéité – ou comme Peirce aimait les appeler pour les débarrasser de tout contenu matériel, d'un, deux et trois. La tiercéité est la catégorie la plus complexe. Intermédiaire entre le hasard et l'événement, elle correspondant à la tendance à acquérir des habitudes, la loi. « La *tiercéité,* au sens de la catégorie, est la même chose que la médiation » (CP 1.328). Cet élément de mise en relation « constitue la *Représentation* comme élément d'un phénomène » (CP 5.66). Cette relation qui est une représentation est bien l'objet de Kohn, qui définit le besoin de « repenser la relationalité » comme la préoccupation principale de l'anthropologie (Kohn 2017 : 122), et dont la thèse est que cette relation est représentation – parce que rapport sémiotique. À cet égard, « la tiercéité, finalement, est l'aspect du réalisme de Peirce qui est le plus important pour la thèse de ce livre. » Kohn reconnaît toute sa valeur à l'élément médiateur, qui permet la sémiose, et insuffle de la pensée dans l'univers. C'est la part universelle du mental, que constituent les relations formelles, abstraites. Celles-ci s'incarnent *notamment* dans la communauté des agents. « Un aspect de la généralité de la pensée – sa tiercéité – est qu'elle n'est jamais seulement localisée dans un soi unique et stable » (Kohn 2017 : 96). Le « nous » est un général. C'est l'exploration de cette généralité – communauté, médiation, relation et représentation – qui motive Kohn, comme l'exprime la belle profession de foi suivante : « ce qui m'attire tant en Amazonie, c'est la manière dont un certain type de troisième (les habitudes du monde) est représenté par un autre type de troisième (les sois sémiotiques humains et non-humains qui vivent dans ce monde et le constituent), d'une manière qui permet de nouveaux types de troisièmes de "prospérer" » (Kohn 2017 : 98, traduction modifiée[5]).

---

■ 5. La traduction française donne bizarrement : « d'une manière qui permet à d'autres sois [*more kinds of thirds*] de "prospérer" ». Coquille ou volonté délibérée d'enfermer la tiercéité peircienne dans l'individu, alors que tout en elle le déborde ?

La généralité de la pensée repose sur sa nature sémiotique. Contre la conception d'un esprit manipulant des signes, il faut se représenter que l'esprit *consiste* dans le développement d'un système de signes. Par excellence, le type de signe doté d'un maximum de généralité est le symbole. Un symbole est « une représentation générale comme un mot ou un concept » (W1 : 475). Ce type de signe se caractérise par le fait qu'une règle générale le relie à son objet. Cette règle générale peut être une convention, une habitude générale, ou une disposition à l'interpréter d'une certaine façon (MS 939). Elle peut être imposée par la nature, acquise par réflexion, fixée par des normes, produite au cours de l'évolution, ou par n'importe quel moyen. Le symbole tel que Peirce l'entend ne renvoie pas nécessairement à l'arbitraire du signe (ni à la possibilité d'une motivation comme chez Saussure). Cependant, Kohn semble entendre par « symbole » principalement le signe linguistique. Dès lors, pour se dépêtrer du caractère anthropocentrique de la pensée, il faudra faire fi des symboles, ou du moins leur arracher un soi-disant monopole de la pensée. Contre la scission (évidemment cartésienne) du symbolique (humain) et du naturel (dénué de sens), il faut se doter d'une « sémiotique matérielle » (notion reprise à la théorie de l'acteur-réseau de John Law) permettant de repenser le continuum nature-culture (Kohn 2017 : 40, 303). Ce « monisme sémiotique » (Kohn 2017 : 9) fera fond sur toute la diversité des signes. En particulier, la représentation au-delà du langage et de l'humain reposera non pas sur des symboles, mais sur des icônes et des indices.

N'y a-t-il pas quelque contradiction à promouvoir la généralité et la tiercéité comme objet propre de l'étude anthropologique tout en minorant la pertinence anthropologique de la pensée symbolique ? Kohn n'offre-t-il pas d'une main ce que l'autre reprend ? C'est une question complexe, qui supposerait d'évoquer l'imbrication des catégories et les formes « dégénérées » de tiercéité. Peut-être est-ce ce que Kohn entend faire en précisant que « les icônes, en tant que troisièmes, sont des premiers relatifs », idée qui peut sembler assez peircienne (bien que l'expression *relative first* ne semble pas avoir d'occurrence dans le corpus des *Collected Papers*). Sans doute faudrait-il aussi prendre en compte la grande variété des signes, qui ne se réduisent pas à une tripartition dont on a pu dire qu'elle est « un emprunt partiel minime qui dénature complètement la portée du système de pensée global de son auteur » (Marty : 6). Certes, icône, indice et symbole permettent de classer les relations d'un signe à son objet, mais c'est une autre trichotomie qui rend compte de la relation à l'interprétant par exemple. L'idée d'une continuité entre icônes, indices et symboles vient du moins sans doute atténuer le paradoxe d'une approche essentiellement fondée sur la troisième catégorie mais pas sur les signes « troisièmes ».

Au dualisme qui découpe à la hache des petits bouts d'être (CP 7.570), Kohn entend substituer l'émergentisme d'un Deacon, et l'idée peircienne d'une gradation des signes : la référence symbolique résulte d'une série complexe de relations systémiques entre les icônes (Kohn 2017 : 91), et d'une subordination de la relation indexicale mot-objet à la relation mot-mot (Kohn 2017 : 86). Là où Kohn devine dans la référence symbolique un « processus alambiqué qui implique aussi l'iconicité et l'indexicalité » (Kohn 2017 : 65),

Peirce détaille un fonctionnement qui n'a rien de mystérieux. Comprendre le lien entre le symbole, l'indice et l'icône exige d'analyser le fonctionnement d'une proposition en général. Sans être nécessairement linguistique, une proposition peut très bien être « naturelle » (Stjernfelt 2014). Ce concept de proposition élargi, que Peirce nomme « dicisigne » (par exemple « un portrait avec le nom de la personne représentée au-dessous » ou « une girouette dans une bonne brise », MS 939), pourrait apporter un heureux correctif au dualisme que Kohn maintient malgré qu'il en ait. En insistant sur le concept de « dicisigne », c'est-à-dire de proposition naturelle, (Stjernfelt 2014) montre que les propositions peuvent consister en signes logiques structurés (pourvus d'une syntaxe cognitive) sans nécessairement être structurés comme un langage : c'est précisément par les icônes et les indices que se constitue cette structure. Peirce élargit les parties traditionnelles de la proposition, sujet, copule et prédicat, en abstrayant leurs fonctions essentielles, fonction iconique et fonction indexicale. Dès lors, l'opposition entre le symbolique (linguistique) et l'iconique et indexical (au-delà de l'humain) qui semble resurgir périodiquement chez Kohn n'est qu'un mauvais souvenir, que Peirce invite à dépasser au cœur même du symbolique. Corrélativement à son refus de reconnaître la rationalité abstraite dans l'inanimé, Kohn a en fait lui-même une lecture particulièrement anthropocentrique du symbolique. Le symbole serait « une manière humaine de ressentir une image » (Kohn 2017 : 103), c'est-à-dire la modalité proprement humaine de l'icône. Or il n'y a pas plus de raison de confiner le symbole à l'humain que de confier l'iconicité à l'au-delà de l'humain, ni semble-t-il de privilégier le fait de penser « à travers des images » (Kohn 2017 : 37).

Les icônes sont souvent définies comme des signes ressemblant à leur objet. C'est la caractérisation à laquelle Kohn se tient invariablement. Les définitions peirciennes ont en revanche évolué pour venir insister sur le partage d'une qualité plutôt que sur la similitude : une icône signifie en vertu d'une qualité dont elle est pourvue, qu'un objet doté de la même qualité existe ou non (CP 2.247). Un dessin de licorne ne ressemble à rien de réel, mais ce vers quoi il fait signe (l'idée, ou plus exactement la possibilité d'une licorne) partage certaines qualités du dessin. Kohn souligne la nécessité de ce type de relation, la plus fondamentale, à toute pensée – moins parce que toute cognition envelopperait une image de son objet, que parce que l'icône est à la fois ontologiquement neutre (elle n'affirme rien sur l'existence des choses) et épistémologiquement chargée (présentant une qualité, elle est « la source de toutes nos informations », MS 559).

En insistant beaucoup sur la similitude, Kohn donne parfois l'impression qu'il réduit l'icône à un signe motivé (au sens de Saussure), qui ressemblerait à son objet en vertu d'une adéquation mystérieuse (alors que c'est parce qu'elle signifie en vertu de sa qualité propre que l'icône est une icône). Ainsi les analyses sur le son qui « correspond » à l'objet (Kohn 2017 : 64) donnent-elles parfois lieu à un cratylisme appliqué à la langue quichua, riche en onomatopées, « images en forme de sons » (Kohn 2017 : 64) et autres mots naturellement interprétables. L'auteur s'y arrête-t-il parce que c'est une particularité de la langue des Runas, ou parce que s'étant brouillé avec les symboles il cherche à retrouver de l'iconicité dans le langage ? Cette approche évoque d'autant plus irrépressiblement la linguistique saussurienne (dans laquelle le signe motivé a pour nom « symbole ») que les icônes verbales signifient, explique Kohn, par contraste avec ce qu'elles ne sont pas, « la forme de la bouche » produisant de la signification par différence, en éliminant toutes les autres formes qu'elle ne prend pas (Kohn 2017 : 65). Sans doute Kohn insiste en outre exagérément sur ce qu'il nomme la « confusion iconique » (Kohn 2017 : 124), le fait qu'on ne perçoit d'emblée pas de différence entre l'icône et son objet, de sorte qu'elle serait le produit de ce qui n'est pas aperçu. Pour qui l'indifférenciation de l'objet et du signe conférerait-elle à l'iconicité un caractère « contre-intuitif » (Kohn 2017 : 84), sinon pour un structuralisme fondé sur des systèmes d'opposition ? Au reste, cette indifférence ne se réalise que dans des cas limites où, par exemple, on croirait voir une personne réelle et non un portrait peint, cas tout de même fort rares – celui aussi de la « brindillité » du phasme (Kohn 2017 : 234), animal devant sa survie à son mimétisme. Dans ce que Peirce appelle une « icône pure » (CP 5.74), nous vivons l'expérience onirique d'une perte de conscience de la distinction entre le réel et la copie (W5 : 163). Mais l'icône ainsi poussée à ses limites « se détruirait en devenant identité » (W1 : 79), de sorte que « toute ressemblance connue a une limite » (W1 : 169). C'est au point qu'on peut estimer que la question de l'iconicité est en définitive assez différente du problème de la ressemblance (Chevalier 2015). Une icône (par exemple un diagramme logique) n'est en tout cas pas nécessairement cette « pensée au repos » qu'évoque Kohn (2017 : 85), même si son interprétant peut être (mais n'est pas nécessairement) son propre objet.

Kohn reconnaît lui-même qu'une des vertus de l'iconicité est de permettre le surgissement d'associations inattendues échappant à nos intentions limitatives. Du côté de l'anthropologue, la pensée par icônes offre une « liberté exploratoire » que Kohn rapproche de la « pensée sauvage » de Lévi-Strauss (Kohn 2017 : 234), et que l'on pourrait aussi apparenter à ce que Peirce nomme le « musement ». L'allure de la pensée à sauts et à gambades n'est pas exactement la rêverie ; il s'agit plutôt d'un pur jeu, vivant exercice de nos facultés qui, si les observations et réflexions se spécialisent par trop, finira par se convertir en une étude scientifique (CP 6.458). On se gardera toutefois de les confondre, et le musement « à *petite bouchée* avec les univers » n'occupera, recommande sévèrement Peirce, pas plus de cinq ou six pourcents du temps de veille…

En définitive, *Comment pensent les forêts* me semble viser à établir la grande équation suivante : vivant = animal = soi = sémiotique = (principalement) iconique et indexical. J'ai essayé de décortiquer de façon critique chacune de ces égalités. Premièrement, le vivant n'est pas l'animal. Or la forêt est le grand absent de *Comment pensent les forêts*. Deuxièmement, les animaux ne sont pas des sujets. Le vitalisme et l'animisme apparents de *Comment pensent les forêts* cachent peut-être finalement une extension du sujet « cartésien ». Troisièmement, la séité n'a pas de privilège sémiotique. Chez Kohn, la cognition est étendue aux autres, alors que pour Peirce le mental est étendu à l'univers : tout peut faire signe. Enfin, le rejet ou du moins la minoration du purement symbolique repose sur une conception plus saussurienne que peircienne du signe. En définitive, il n'est pas si facile d'être aussi anticartésien que Peirce !

L'ambition intellectuelle remarquable et enthousiasmante de *Comment pensent les forêts,* que mes remarques finalement bien vétilleuses ne mettent pas en valeur, n'a peut-être pas tellement de choses à voir avec celle d'une sémiotique s'identifiant à la logique formelle dans le cadre d'un projet cosmologique s'appuyant sur la réalité des universaux – un point que je n'ai pas abordé, et qui sépare encore Peirce de Kohn, pour qui l'universel est le non-humain (Kohn 2017 : 212-213). L'auteur de *Comment pensent les forêts* a eu le mérite de recourir de première main à un philosophe exigeant, peu lumineux de prime abord, dont on peut attendre un vif éclairage. Son entreprise rare de peircianisme appliqué est alléchante. Mais pour se déployer pleinement, l'éléphantesque sémiotique peircienne suppose un appareillage (logique, phénoménologique, métaphysique) aussi pesant que puissant, inadéquat à l'usage que Kohn en fait (notamment l'analyse de la panique, à laquelle il consacre un développement conséquent).

**Jean-Marie Chevalier**
UPEC

## Références

Chevalier, J.M.C., 2012, « La Découverte du continent peircien », *Intellectica* 58 (2), p. 241-273.

Chevalier, J.M.C., 2015, « The Problem of Resemblance in Peirce's Philosophy and Semiotics », *Versus* 120, p. 45-59.

Colapietro, Vincent, 1989, *Peirce's Approach to the Self: A Semiotic Perspective on Human Subjectivity,* Albany, State University of New York Press.

Gallie, Bryce W., 1952, *Peirce and Pragmatism,* Harmondsworth, Penguin.

Liszka, James, 1990, « Review of Colapietro, *Peirce's Approach to the Self: A Semiotic Perspective on Human Subjectivity* », *The Personalist Forum* 6 (2), p. 183-185.

Maher, Chauncey, 2017, *Plant Minds: A Philosophical Defense,* Routledge.

Marty, Robert (s.d.), « La dimension perdue de Roland Barthes », http://perso.numericable.fr/robert.marty/semiotique/dimension-perdue.pdf.

Peirce, Charles, 1931-58, *Collected Papers of Charles Sanders Peirce,* vol. I-VI édité par C. Hartshorne et P. Weiss, 1931-1935, vol. VII-VIII édité par A.W. Burks, 1958 ; Cambridge, Belknap Press [CP].

Peirce, Charles, 1982-2010, *Writings of Charles S. Peirce. A Chronological Edition,* vol. 1-6 et vol. 8, Indianapolis, Indiana University Press [W].

Peirce, Charles, *Manuscrits,* Houghton Library of Harvard University [MS].

Rappaport, Roy A., 1999, *Ritual and Religion in the Making of Humanity,* Cambridge, Cambridge University Press.

Stjernfelt, Frederik, 2014, *Natural Propositions: The Actuality of Peirce's Doctrine of Dicisigns,* Boston, Docent Press.

Tiercelin, Claudine, 2013, *La Pensée-signe,* Éditions du Collège de France, http://books.openedition.org/cdf/2209.

# SITUATIONS

## PHILOSOPHE, TROP PHILOSOPHE [1]

### Eduardo Kohn

D ans ce qui suit j'explique ce que j'entends par signe vivant et j'essaie de clarifier ce que cela signifie selon moi de travailler des concepts avec et dans le monde. Le problème qui se pose est le suivant : comment penser, en particulier comment penser avec Peirce, et à quelles fins. Jean-Marie Chevalier et moi avons des opinions très différentes sur ces questions, et je saisis l'occasion de cet échange pour insister sur ce qui est en jeu dans ces différences.

L'anthropologie est une science empirique. Elle construit ses raisonnements à partir de notre expérience du monde, tel qu'il se manifeste à nous ethnographiquement. À ce titre, l'anthropologie est en termes peirciens une discipline qui privilégie la « secondéité » (l'actualité, la relation, l'altérité), même lorsque ces seconds sont moins actuels qu'une ascription à cette catégorie métaphysique pourrait sembler devoir impliquer. Les signes, les esprits (*minds*), les expériences phénoménologiques, les généraux, les absences, les esprits (*spirits*), les fantômes, les sortes, les formes, les patterns, les futurs, les passés et les sois – oui, les sois –, tous peuvent s'inviter dans le monde actuel du travail conceptuel ethnographique, même dans leur relative « priméité » ou « tercéité » (c'est-à-dire, dans leurs natures respectives comme étant spontanés ou généraux) [2].

On pourrait décrire la métaphysique de Peirce comme une exploration de premiers. De ce point de vue, Peirce semble poser la question suivante : si un monde possible se trouvait exister, quel genre de propriétés aurait-il nécessairement ? Si, par exemple, la pensée se trouvait exister dans un autre univers, très différent du nôtre, elle n'en témoignerait pas moins – dirait Peirce selon moi – d'une logique qu'il appelle « sémiotique ». Autrement dit, elle impliquerait une dynamique par laquelle « quelque chose » « tient lieu pour *quelqu'un* » – oui le terme est de Peirce – « de quelque chose sous quelque rapport ou à quelque titre » (CP 2.228 ; traduction de G. Deledalle

---

▧ 1. En français dans le texte.
▧ 2. J'emploie ici le terme « relatif » en référence au caractère enchâssé de la métaphysique peircienne. Ainsi, par exemple, la sémiose témoigne, relativement à d'autres dynamiques du monde, de davantage de tercéité, même si au sein du domaine de la sémiose, il existe des sortes de dynamique sémiotique qui, relativement aux autres, témoignent de davantage de priméité. Saisir cet enchâssement est d'une importance cruciale pour saisir comment, dans une métaphysique peircienne, la nouveauté (*novelty*) émerge de la continuité.

[1978 : 121]), ce « quelqu'un » n'étant rien d'autre que le lieu et le résultat, tout éphémère qu'il soit, de cette même dynamique[3].

La véracité de cette métaphysique, sa capacité à se conformer de façon régulière aux mondes actuels tels qu'ils viennent à exister, ne peut être établie que par la façon dont Peirce, en tant que signe vivant, est interprété par la communauté de penseurs à venir, lorsque celle-ci entre en interaction avec des mondes qui témoignent de propriétés que la métaphysique peircienne préfigure. Autrement dit, la représentation par Peirce d'un monde dont la représentation est une des caractéristiques finira toujours, de par sa propre théorie pragmatique de la sémiotique, par être représentée sous des formes plus développées par ceux d'entre nous qui pensent avec lui, avec et à propos du monde.

La relation entre la métaphysique peircienne et le genre d'anthropologie au-delà de l'humain que je défends est la même que celle qui existe entre les mathématiques pures d'une part, et la physique ou l'ingénierie d'autre part. Les mathématiques pures sont libres d'explorer les propriétés qui opèrent dans un monde possible sans avoir besoin que ce monde existe (encore). Une preuve de la vérité de ces explorations mathématiques devient apparente, cependant, lorsque des existants futurs, découverts ou fabriqués, se trouvent correspondre aux résultats de ces dernières. En ce sens, Peirce et moi venons au signe, pour ainsi dire, depuis des directions opposées. Lui, depuis une description formelle et générale (ce qui est encore différent de ce que Chevalier appelle « rationnel » et « universel ») de l'architecture logique qui rend possible la sémiose et lui donne ses propriétés particulières, et moi, d'un monde actualisé, tel qu'il se trouve être instantié dans une certaine partie de cette planète – une partie particulièrement dense et intéressante de celle-ci – exprimant la sémiose d'une façon qui, Peirce ayant globalement raison sur les choses, correspond à ses descriptions formelles.

## Un Peirce vivant et pragmatique

Soyons clairs, le but de Chevalier dans son article est de démontrer que je ne suis pas un très bon Peircien. Il veut montrer que j'ai totalement échoué à saisir ce que Peirce voulait « vraiment dire » à propos de certains des principaux problèmes dont je traite : la sémiose, la vie, le dualisme cartésien. Bien que je n'aie pas de goût particulier pour l'argutie académique (je pense qu'il y a des façons plus intéressantes, productives et inclusives de penser avec – ou même contre les autres –, je m'efforcerai ici, autant que je peux, de répondre dans les termes de Chevalier. Je me demande à cet égard quelle serait son opinion des Runa et des forêts dans lesquelles ils vivent. Sont-*ils* de bons « Peirciens » ? Si la question semble ridicule à un philosophe, alors

---

3. Je suis évidemment tout à fait conscient que le « quelqu'un » dont parle Peirce dans sa définition du signe est, comme il l'explique dans ses dernières lettres, un pis-aller (*sop to Cerberus*, Peirce 1998ᵉ : 478). L'inquiétude de Peirce vis-à-vis de termes tels que « quelqu'un » ou « personne » est qu'ils puissent être interprétés à tort comme une réification homonculaire (c'est-à-dire comme un penseur qui pense à travers un processus de signe mais qui n'est pas lui-même constitué d'un tel processus de signe). Il devrait être assez clair que lorsque j'utilise des termes comme « soi » ou « personne », je les envisage d'un point de vue complètement sémiotique au sens de Peirce.

peut-être que cela dit quelque chose des limites de la philosophie académique de clocher qui semble être ici de mise.

Ce qui distingue une approche comme celle de Chevalier de la mienne, c'est une différence entre un intérêt pour Peirce seulement en termes de cohérence textuelle interne et une aspiration plus large (la mienne), à mon sens plus fidèle à l'esprit vivant du pragmatisme de Peirce, qui vise à comprendre quelque chose du monde à travers Peirce, et quelque chose de Peirce à travers le monde. Dans des termes peirciens, on pourrait dire que l'intérêt académique de Chevalier pour la philosophie de Peirce est exclusivement centré sur sa « priméité ». C'est-à-dire, pour reprendre l'une des définitions par Peirce d'un « premier », centré sur la philosophie dans « sa propre talité », sans considération de sa relation à quoi que ce soit d'autre (CP 1.304). Par contraste, et sans nier l'importance de réussir dans ce genre d'entreprise (les philosophes n'y parviennent pas toujours), je m'intéresse surtout à la philosophie de Peirce telle qu'elle peut être entendue dans sa secondéité, c'est-à-dire dans la façon dont sa métaphysique entre en relation avec autre chose qu'elle-même, avec des mondes actualisés, et nous aide à en apprendre quelque chose. Bien sûr, si la métaphysique de Peirce se trouve effectivement correspondre à ces mondes, et prédire quelque chose de ceux-ci avec une certaine régularité, alors cela dit quelque chose de la possibilité de généraliser cette philosophie – de sa tercéité, relativement parlant. Cela dit, de fait, quelque chose d'ontologique – c'est-à-dire quelque chose non seulement sur la nature générale du monde, mais aussi sur la capacité du système métaphysique peircien à s'adresser à cette réalité avec une certaine véracité (Peirce 1998a : 197). Mon espoir est que l'approche que je défends puisse mettre Peirce au travail à tous ces niveaux. Mais l'objet ontologique qui m'intéresse est plus grand que Peirce en tant qu'individu et en tant que philosophe. Mon but est de penser *avec* Peirce à propos de quelque chose *au-delà* de Peirce.

Il est sans doute utile de rappeler qu'il m'a été donné d'explorer un monde témoignant de propriétés peirciennes bien avant que je ne rencontre Peirce. Je travaille en Amazonie depuis la fin des années 1980, et ce n'est qu'à partir de 2002 que j'ai commencé à m'intéresser sérieusement aux écrits de Peirce lorsque, à l'occasion d'un séjour postdoctoral à Berkeley, j'ai eu la bonne fortune d'être pris sous l'aile de Terrence Deacon (quelqu'un qui est certainement, et sous tous rapports, un « bon » Peircien). Je me souviens avoir été époustouflé de réaliser à quel point la forêt tropicale, ses êtres – animaux, esprits, plantes… oui, plantes –, et la façon dont les Runa entraient en interaction avec eux, témoignaient de propriétés que la métaphysique et la sémiotique de Peirce décrivent. Grâce à l'aide de Peirce, en outre, il devenait possible de faire un travail conceptuel avec ces propriétés. Je pense à l'exemple (que je discute dans le chapitre 5 de mon livre [Kohn 2017 : 231-236]) des deux femmes qui réfléchissent à la signification du cri d'un oiseau, explorant chacune des chemins différents d'interprétance sémiotique (l'un relativement plus symbolique, l'autre plus iconique). Les propriétés sémiotiques que chaque chemin interprétatif acquérait affectaient respectivement le genre d'inférences que chaque femme faisait. Les Runa d'Ávila, dans les années 1990, n'avaient certainement jamais entendu parler de Peirce, mais ils exploraient et rendaient manifestes des propriétés peirciennes dans leurs explorations quotidiennes de la forêt. Le monde donnait raison à Peirce et Peirce m'apprenait quelque chose du monde. Que ceci puisse sembler négligeable à un philosophe – Chevalier n'en fait pas mention ¬ est une chose qui me dépasse. Mais cela me fait me demander dans quelle mesure la « philosophie », du moins celle que pratique Chevalier, n'est pas un réceptacle trop limité pour accueillir Peirce et la vie des signes vivants qu'il décrit.

Je me demande, à cet égard, ce qu'un « philosophe » darwinien (car Darwin avait lui aussi à cœur de travailler conceptuellement le monde, ce dont Peirce était d'ailleurs tout à fait conscient) aurait dit d'un biologiste de l'évolution contemporain. Lui aurait-il déclaré : « les propriétés évolutives que vous voyez exprimées dans le monde – des propriétés que Darwin vous a aidé à voir –, eh bien elles ne correspondent pas à ce que Darwin a écrit dans la première édition (et non, disons, dans la sixième, révisée) de *L'Origine des espèces* » ? Et que penserait un Darwin *revenant* de cet échange vétilleux ?

## Abduction, qualité d'esprit (*mindedness*), modes

Pour expliquer ma relation à Peirce, je dois commencer par clarifier ce que sont selon moi les fins de l'anthropologie. L'anthropologie consiste à créer de nouveaux concepts avec les concepts que nous découvrons être à l'œuvre sur le terrain durant nos interactions ethnographiques. Ainsi, par exemple, le concept de « double description » de Gregory Bateson est une amplification de la « double description » comme mode de pensée génératif déjà opérant dans le monde biologique (voir Kohn 2017 : 139-142). Le genre de travail conceptuel auquel j'aspire consiste à parvenir à des « abductions », le terme que Peirce utilise pour caractériser un troisième type d'inférence, qu'il considérait comme un complément nécessaire à l'induction et à la déduction (CP 2.590). Une abduction, selon Peirce, est « l'opération d'adopter » (1998b : 231) une hypothèse en vertu d'une « intuition » qui « nous vient comme un flash » (1998b : 227). L'abduction, pour Peirce, est le « seul processus par lequel un nouvel élément peut être introduit dans la pensée » (1998c : 224) : à ce titre, il l'associe à la priméité (Houser et al. 1998 : 528). Elle débouche sur une idée susceptible d'en unifier d'autres, qui jusque là semblaient disparates ; c'est la raison pour laquelle il considère qu'elle est liée à l'icône (*ibid.*). Une abduction peut se trouver confirmée par induction (CP 2.536) puis, une fois établie, elle peut être mise au service d'un travail déductif. En s'ouvrant aux abductions, par conséquent, l'anthropologie ne doit pas se borner à établir dans quelle mesure le recueil de faits ethnographiques vient confirmer une théorie – celle de Peirce ou d'un autre – ou dans quelle mesure une théorie peut s'appliquer à un cas précis. Son but, en tant que discipline attachée à développer des méthodes de rencontre qui nous déstabilisent et nous forcent ainsi à reconsidérer le monde, c'est de saisir de nouveaux concepts susceptibles d'en unifier d'autres, qui jusque là semblaient disparates, dans le flash de leur émergence (Peirce 1998b : 531-532). Les forêts produisent des concepts, les Runa et d'autres Amazoniens produisent des concepts à partir de ceux-ci, et j'essaie de faire de même avec ceux-ci et d'autres. Être éveillé à la pensée vivante, c'est être pour ainsi dire « abductivement ouvert ». Cela exige un ethos constant d'effacement, grâce auquel on se rend disponible à ces pensées, car nous sommes tenus à notre insu par les concepts qui nous façonnent. L'anthropologie est une technologie permettant de desserrer l'étreinte de ces concepts fondateurs, afin de trouver une position depuis laquelle les abductions peuvent opérer sur nous. Les abductions ne viennent pas de nous. Nous ne pouvons jamais décréter une abduction car c'est un moment spontané d'émergence holiste, que nous ne pouvons jamais « avoir ». Nous ne pouvons qu'être « eus » par elles (si nous les laissons faire), lorsqu'elles transforment nos modes de pensée.

S'éveiller à la pensée vivante rend également l'anthropologie psychédélique – littéralement « révélatrice d'esprit » (*mind-manifesting*, une notion que j'ai rétroactivement introduit dans la traduction française de mon livre). Car ce genre d'attention au monde peut nous révéler l'esprit (ou le soi) dans la quintessence de sa séité. Autrement dit, elle peut révéler l'esprit dans sa « qualité d'esprit » (*mindedness*) – ou, dans les termes de Peirce, dans sa capacité continue à croître et à se renouveler au fur et à mesure qu'elle abandonne des habitudes et en adopte de nouvelles. Saisir cela dans le monde et dans nos sois a le potentiel de déstabiliser notre propre sens psychologique de soi, de même que celui qui s'est formé à partir de l'ensemble figé de concepts qui nous enserre. Ce qui est crucial dans la tentative anthropologique de parvenir à une autre métaphysique émergente, abductivement formée, c'est le refus de la fermeture – le refus de laisser les cadres analytiques que nous apportons sur le terrain tout expliquer. Le but d'un tel refus est de ménager un espace où les nouveaux concepts peuvent émerger.

Cette métaphysique émergente deviendra à terme une métaphysique moniste. Dans mon approximation de cette sorte-là de tout, je m'efforce de rester ouvert aux multiples formes de pensée. Je prends au sérieux l'insistance de Chevalier sur le fait que Peirce doit être compris dans ses propres termes.[4] Comme je l'expliquerai ensuite, il y a des moments où lui et moi sommes d'accord sur ce que ces termes sont, et d'autres où nous ne le sommes pas. Mais j'ai aussi d'autres responsabilités. L'une de celles-ci est vis-à-vis de mes amis et collègues amazoniens, qui ont leur propre façon de penser sur la vie, les signes (surtout sur les signes imagés), les esprits (*spirits*), les sois et les âmes. Une autre de ces responsabilités est vis-à-vis des forêts elles-mêmes, qui pensent aussi, et dont la pensée m'est apparue dans les termes les plus personnels autant que dans des termes formels – car parmi les marqueurs de l'animéité (*animacy*) de la forêt, il y a les « esprits » (*spirits*) qui s'y manifestent, et j'ai pu faire moi-même l'expérience de leur existence.

Pour réfléchir aux sortes de mondes métaphysiques que produisent ces formes de pensée disparates et pourtant liées, j'ai trouvé très utile de penser avec le projet de *L'Enquête sur les modes d'existence* de Bruno Latour (2012). Cette enquête propose un ensemble d'outils censés nous permettre de circuler

▦ 4. Ma référence au « Peirce bizarre », à cet égard, est adressée à mes collègues anthropologues qui ont tendance à ne retenir de Peirce que ce qu'il dit du symbole et ainsi à ignorer le reste de sa métaphysique, « bizarre » à leurs yeux, alors que celle-ci a tant à dire du non-humain (et du non-symbolique) dans lequel l'humain est enchâssé.

à travers des modes. Je dois préciser d'emblée que je ne souscris ni à cet édifice théorique, ni à l'idée que différents modes d'existence constituent des mondes discrets et – à moins d'employer les outils unifiants que *L'Enquête* de Latour met à notre disposition – potentiellement incommensurables. Il me semble utile cependant de penser au travail anthropologique comme à celui d'un « diplomate cosmique », ainsi qu'il le caractérise. Autrement dit, ce à quoi je voue mes efforts, c'est à trouver les concepts émergents qui me permettront de servir d'intermédiaire entre les domaines suivants : l'animisme amazonien et les formes chamaniques de pensée conceptuelle ; le genre de pensée que les forêts expriment lorsque celle-ci se manifeste à moi ; la biologie, la climatologie et d'autres sciences de la Terre ; l'anthropologie, même dans ses registres « trop humains » ; et, bien sûr, la pensée peircienne.

## L'écologie, la biosémiose, les sois

Je suis allié avec Latour et mes collègues amazoniens et biologistes à un titre encore différent, et encore plus important, qui intéresse la question des fins de l'anthropologie de façon plus pressante. Nous faisons face aujourd'hui à la menace sans précédent d'une destruction écologique totale, initiée par l'Homme, à l'échelle planétaire. C'est la vie continue des forêts pensantes et les pensées qui émergent d'elles comme d'autres milieux comparables qui est en jeu ici. L'idée que je défends, c'est qu'apprendre à penser avec les forêts peut produire sa forme propre de « science normative ». Apprendre à penser avec les forêts, autrement dit, peut offrir une sorte de guide éthique formellement ou « esthétiquement » fondé (Peirce 1998a : 201), à l'usage de cette époque à laquelle le terme « anthropocène » est de plus en plus associé. Penser avec les forêts : c'est un problème anthropologique car c'est un problème humain. C'est nous, les humains, qui devons cultiver continûment l'art d'écouter les forêts. Voilà ce que pourrait signifier « écologiser » la pensée. C'est nous, les humains (un certain nombre d'entre nous en tout cas), qui avons cessé d'écouter. Grâce à la sémiotique peircienne, nous devenons capables de localiser la cause de cette menace dans la vie continue de la pensée, dans une propension humaine à devenir duel, c'est-à-dire une propension à vivre d'une telle manière que la culture (le symbolique) tend à devenir temporairement indépendante de la nature et sourde à celle-ci, au point de devenir ce que Latour appelle une force de la nature. Je me retrouve dans Peirce car de toutes les philosophies que je connaisse, la sienne est celle qui permet le mieux de situer ontologiquement le dualisme (et de le provincialiser, pour reprendre le mot de Dipesh Chakrabarty), tout en restant fidèle aux propriétés formelles du monde que révèlent la physique, la biologie et les sciences humaines – les sciences humaines critiques en tout cas.

En ce sens, lorsque j'affirme dans *Comment pensent les forêts* que la vie pense et les pierres non, il ne faut pas le comprendre comme un manque d'ouverture vis-à-vis de certains non-humains, mais comme une façon de refuser une certaine forme de fermeture conceptuelle. J'aurais pu adopter une position amazonienne animiste, selon laquelle les pierres, du moins certaines d'entre elles, pensent effectivement ; ou encore celle que posent, avec leur ontologie plate, les Études de Sciences et Technologies (STS), à savoir que toute sorte de chose est la même sorte de chose et a donc potentiellement la même agentivité ; ou encore le genre de panpsychisme que Chevalier lit dans Peirce – et le problème aurait alors été promptement résolu.

Je dois préciser ici que mon travail récent en Amazonie, travail qui est devenu de plus en plus psychédélique, au sens littéral, et politique, au sens pragmatique – sans être pour autant moins métaphysique –, m'a convaincu que les pierres, d'une manière ou d'une autre, pensent effectivement. Mon ambition, cependant, est de trouver la position émergente à partir de laquelle toutes ces idées sur la pensée pourront converger. Pour ce faire, je dois rester fidèle à l'intuition biosémiotique, à savoir que, formellement parlant, toute dynamique pensante (dans quelque instantiation et dans quelque univers qu'elle se trouve) est aussi une dynamique vivante[5].

Pour ce qui est de mon usage stratégique du terme « soi », par opposition à « sujet » – un autre choix que Chevalier critique – il est à comprendre en relation avec la diplomatie cosmique dont je me fais l'avocat. Je tiens à ce terme pour un certain nombre de raisons qui sont toutes centrales dans mon projet « d'écologiser » la pensée. En premier lieu, le concept de « sujet » en anthropologie a de fortes connotations foucaldiennes. On nous apprend à penser les sujets comme étant entièrement façonnés par des circonstances historiques contingentes. Par contraste, je veux montrer que les « touts » socioculturels qui créent la subjectivation et les sujets sont en fait ouverts à des formes sémiotiques qui n'ont pas la fermeture pour trait constitutif. C'est-à-dire qu'ils sont ouverts aux « écologies d'esprit » (*ecologies of mind*) plus larges qui nous contiennent.

En second lieu, j'utilise le terme « soi » plutôt que « sujet » car j'ai le sentiment que « soi » s'accorde mieux avec certains attributs de la personne que les Amazoniens mettent en avant. Ainsi que je l'ai décrit (Kohn 2017 : 261-269), la personne dans les termes amazoniens est essentiellement pronominale. Les Amazoniens envisagent les noms, en bonne politique peircienne (1998d : 15), comme des substituts imparfaits de pronoms. En quichua, *Runa* – littéralement « personne » – fonctionne comme le pronom de première personne « je » (comme d'ailleurs *puma* – « prédateur » ou « jaguar »). Les autres, ceux qui occupent une position de troisième personne, sont les objets tangibles, palpables et visibles. J'ai choisi d'utiliser le terme « soi » pour marquer la position de première personne car, en tant que substantif, il a une plus grande affinité avec le pronom de première personne que le mot « sujet ». Après tout, on fait référence à sa propre personne comme à « soi-même » (*myself*), et non « mon sujet » (*my subject*). « Soi », en ce sens, par opposition à « sujet », est plus proche de l'expérience de première personne d'être un signe vivant dans sa priméité. Le sujet, par contraste, est plus ce à quoi un soi ressemble de l'extérieur, dans sa secondéité palpable, en tant que troisième personne.

■ 5. Je voudrais d'ailleurs faire remarquer en passant que la tentative de Chevalier de « purifier » Peirce de ses interprétations et applications bio-sémiotiques n'a aucun sens en termes pragmatistes peirciens. Je veux dire que si Peirce a ontologiquement raison sur la sémiose, alors ses idées se verront confirmées par les systèmes de signes qui opèrent dans le monde biologique.

Enfin, l'emploi de ce terme signale que j'ai un intérêt stratégique pour les conceptions psychanalytiques du sujet, dont les mécanismes inconscients sont si profondément iconiques et indiciels. Mais, de manière cruciale, je le fais afin de rompre avec l'approche psychanalytique classique. Tout d'abord parce que j'insiste sur le fait que les sois ne sont pas seulement humains (et en tout état de cause ne sont jamais seulement confinés dans leur corps [*skin-bound*]) ; ensuite parce que le genre de logique que Freud a identifié comme étant central dans l'inconscient n'est pas exclusif à l'esprit humain. Il peut nous permettre de jeter des ponts et d'accéder aux écologies d'esprit plus larges qui suivent une logique similaire.

Je trouve ironique que les gagnants et les perdants de ce jeu académique à somme nulle que l'on me demande de jouer ici soient des sujets humains enfermés dans leur peau (*skin-bound*), alors même que le jeu lui-même fait ostensiblement référence à des débats sur la dissolution de ce genre de sujet. Ce jeu que nous jouons masque le fait que Chevalier et moi sommes en fait d'accord sur l'analyse en termes peircien de ce que, pour mon propre compte, j'appelle un « soi » – à savoir une entité qui n'est rien d'autre qu'un lieu d'interprétance, où et à quelque échelle qu'il se trouve.

## Les vies des signes

Cette différence entre, d'une part, une approche « statufiée » (*hidebound*) de Peirce et, de l'autre, l'approche pragmatique vivante à laquelle j'aspire, sous-tend la divergence de vue entre Chevalier et moi sur la sémiotique. La critique que fait Chevalier de ma sémiotique est un peu décousue (par exemple, il m'accuse – à tort – d'adopter une approche saussurienne du signe, avant de proposer lui-même une approche saussurienne « matérielle-sémiotique » comme remède). Donc plutôt que de rendre coup pour coup à chacune de ses critiques, il me semble plus intéressant et productif de tenter d'expliquer plus clairement ce que j'entends par « pensée sylvestre », certaines des propriétés importantes qui la caractérisent et pourquoi, avec l'aide de Peirce, je crois qu'il est si important de cultiver des manières de penser avec elle aujourd'hui. Il n'est pas question de se livrer ici à un exercice d'étiquetage. Je me préoccupe moins des noms que nous utilisons pour différents types de processus de signe que des propriétés sémiotiques que nous pourrions faire fructifier si nous écologisions la pensée.

Par « pensée sylvestre », j'entends la pensée exprimée dans (et peut-être parfois par) les forêts et d'autres systèmes de vie non-humains. C'est une forme de pensée qui est entièrement sémiotique, mais non symbolique. Ce qui m'intéresse, en tant qu'anthropologue, c'est de comprendre comment nous les humains, en plus d'être des créatures symboliques, possédons aussi une disposition pour ce genre de pensée, et pouvons l'utiliser pour accéder à une pensée sylvestre plus large qui nous produit en même temps qu'elle nous contient. Écologiser les pensées, pour moi, implique donc de trouver comment penser au-delà de la pensée symbolique afin de ménager des espaces pour que la pensée sylvestre puisse fleurir dans les forêts et au-delà de celles-ci.

La part de la pensée sylvestre sur laquelle j'insiste ici est la part iconique, du fait de l'importance qu'a la logique iconique pour penser avec les forêts.

Je vais essayer d'expliquer pourquoi. Pour ce faire, je reviens à l'exemple du phasme, cet insecte amazonien en bâton qui en est venu à ressembler à des brindilles (Kohn 2017 : 84, je reprends cet exemple à Deacon, en l'adaptant). L'évolution de ce mimétisme ne doit pas être mise de côté, comme le fait Chevalier, sous prétexte qu'elle est trop peu commune. Car ce qui compte ici c'est que ce processus biologique bien connu, tout « mineur » qu'il est, met opportunément en évidence une logique plus générale. Autrement dit, l'attention prêtée à l'évolution d'une invisibilité mimétique rend « visible » certaines qualités autrement invisibles, absentielles, de la sémiotique vivante elle-même. Le phasme opère donc comme une icône qui nous permet de mieux « voir » la centralité de l'absence pour la nature de l'icône dans la pensée vivante. Les phasmes ont survécu car les proto-phasmes, n'étant pas remarqués ou « sélectionnés » par leurs prédateurs, se sont trouvés, au cours du temps évolutionnaire, être de plus en plus confondus avec des brindilles. Cela illustre le fait que la confusion est l'une des propriétés centrales de l'iconicité. Les prédateurs n'ont pas opéré les associations indicielles qui leur auraient permis de remarquer leur proie potentielle. Ils n'ont pas non plus opéré les autres associations indicielles nécessaires pour remarquer le « déguisement » du phasme. Autrement dit, il y a une différence entre ne pas remarquer (une forme productive de pensée iconique, même si, en elle-même et d'elle-même, elle n'est pas exactement référentielle), remarquer (la pensée proprement référentielle, qui nécessite des indices), et remarquer *que l'on ne remarque pas* (car attirer l'attention sur une icône en tant qu'objet de pensée nécessite un indice).

La confusion du prédateur est productive. Elle crée une autre sorte d'être et le résultat est aussi qu'il y a davantage de « brindillité » (un général) dans le monde. On peut penser à la relation entre une dynamique sémiotique, celle qui produit le phasme invisible, et l'autre, le prédateur qui l'« interprète » en ne la remarquant pas, comme étant partie prenante d'une écologie d'esprit plus grande (un quasi-soi plus grand et qui n'est pas confiné dans un seul corps, si l'on veut). Ce faisant, on peut remarquer la façon dont elle s'accorde avec les différents « micro-biomes » de soi qui forment nos propres esprits (humains) – esprits qui sont eux-mêmes constitués de différentes structures interprétantes qui interprètent continuellement le monde et s'interprètent les unes les autres.

Notre pensée consiste en une véritable écologie d'esprit. Elle est « comme » l'écologie d'esprit plus grande au-delà de nous et qui lui donne naissance. C'est une ressemblance aux deux sens où Peirce l'entend. En tant que premier relatif, nos écologies d'esprit « internes » témoignent de ces propriétés en question, indépendamment du fait qu'elles existent en fait dans le monde ; *reconnaître* l'iconisme entre ces deux types d'esprits (ce qui nécessiterait un indice) peut aussi nous permettre de voir les propriétés que nous partageons avec l'écologie d'esprit plus grande. C'est cette connexion que nous avons tant besoin de reconnaître afin de faire fructifier la pensée sylvestre pour notre époque, afin de nous reconnecter au monde que nous, en tant qu'êtres symboliques, sommes en train de détruire. Mais cette « chose » que l'on fait fructifier est essentiellement absentielle. C'est en ce sens que le phasme est comme le soi amazonien (voir Kohn 2017 : 263). C'est un lieu d'absence. Réfléchir au rôle que ce genre d'absence joue dans la vie de la pensée m'a conduit à reconsidérer de fond en comble d'autres types de phénomènes absentiels plus larges, en particulier ceux que, à défaut d'un meilleur mot, j'appelle « esprits » (*spirits*), de même que leur importance pour l'élaboration d'une éthique écologique à l'usage de notre temps.

## L'Univers ≠ Le Symbole

Il reste une dernière critique à laquelle je devrais répondre. Chevalier a structuré son essai autour d'une équation. Il prétend en effet que j'affirme dans mon livre : soi = vie = animaux = sémiotique (principalement iconique et indicielle) ; le but de son essai, nous dit-il, est de démanteler cette équation. Comme je l'ai expliqué, je fais un usage stratégique du terme « soi » pour désigner le lieu d'interprétance de toute dynamique sémiotique où qu'elle se trouve. C'est en ce sens que je pose une équation entre le soi, la vie et la sémiose, car l'entité qui témoigne d'une telle dynamique est, formellement parlant, vivante. Bien entendu, il y a de nombreuses sortes de sois, qui ne doivent pas être confondues (les cellules, les professeurs qui s'affrontent et les foules, pour ne prendre que trois exemples, sont des créatures très différentes), mais qui en dépit de leurs différences n'en partagent pas moins une ressemblance – une ressemblance qui est bonne à penser. En ce qui concerne la présence de « l'animal » dans cette équation, il doit sembler évident à tout lecteur attentif de mon texte que je parle de pensées en tant qu'elles ressortissent à une dynamique évolutionnaire (et représentationnelle), à mesure qu'elle s'accumule autour n'importe quel soi qui en est le résultat[6].

Puisque Jean-Marie Chevalier construit son essai autour d'une équation, je terminerai mon propre texte sur une équation. Chevalier oppose à « mon » équation une vision de la sémiotique peircienne qu'il pense être plus correcte textuellement parlant. Selon son interprétation de Peirce, la pensée ne se limite pas à la vie. Elle se trouve partout et, qui plus est, elle est partout symbolique. Par conséquent, pour Chevalier, la pensée symbolique = toute entité dans l'univers. Dans un sens très rudimentaire, cette affirmation contient des idées peirciennes. En premier lieu car dans cette conception de la réalité comme étant complètement continue avec elle-même que défend Peirce, il n'y a rien, hormis peut-être l'étincelle de la première priméité, qui puisse être absolument nouveau ou différent. Donc quelque chose d'apparemment aussi nouveau qu'un esprit (*mind*) doit être continu de quelque chose qui le précède. (La « matière » morte et ossifiée n'est rien de plus pour Peirce que l'esprit « statufié par l'habitude » CP 1.158). Même l'univers au moment du Big Bang inclut la possibilité formelle de la pensée symbolique. En second lieu, car on pourrait dire que tout est sémiotique au sens peircien que nous ne pouvons concevoir aucune entité dans l'univers qui n'est pas capable, d'une façon ou d'une autre, d'être représentée (nous ne pouvons pas concevoir, comme le dit Peirce, « d'absolus inconnaissables » [Peirce 1992 : 30]).

■ 6. En fait, mon analyse de la représentation bio-sémiotique des sols traite de la façon dont des plantes en viennent à représenter le monde. Jean-Marie Chevalier choisit plutôt de se concentrer sur le rôle que jouent les herbivores dans ce processus ¬ la plupart desquels, en tout cas, sont des invertébrés.

Mais le simple fait que tout ce qui est représentable peut potentiellement être représenté ne signifie pas que « toute » entité est « intrinsèquement sémiotique » (ainsi que l'affirme Chevalier). Si les flocons de neige sont effectivement sémiotiques, et Chevalier affirme qu'ils le sont, alors je le mets au défi de nous montrer qu'il en existe différents lignages, qu'ils ont crû et se sont diversifiés avec le temps, chacun venant à représenter le monde qui les entoure de différentes façons, certains ressemblant plus à – disons – des montagnes et d'autres à des aiguilles de pins, d'autres à leurs « prédateurs » les gouttes de pluie, d'autres encore à de la mousse et d'autres enfin au dos des caribous ou au trottoir gris de Paris sur lesquels ils tombent et ne tardent pas à fondre. Sans oublier les sortes de flocons – dans le monde de Chevalier – qui conserveraient la mémoire, dans leur supposé ADN cristallin, des différentes pentes des toits sur lesquels ils sont tombés, puisque ceux-ci aussi changent avec le temps et d'un endroit à un autre. Mais les flocons de neige ne seraient pas seulement sémiotiques, ils seraient aussi symboliques. Je le mets au défi – lorsqu'il aura fini de classer ses lignages de flocons de neige (pas seulement ceux qui sont « vivants » mais aussi ceux qui sont « éteints ») – de nous montrer comment leurs communautés diversifiées en sont venues, avec le temps à témoigner de quelque chose de comparable à des dialectes (humains), des langues et des cultures. Sur cette planète, ce serait une tâche impossible. Et, à une époque où les écologies d'esprit qui nous contiennent sont menacées, l'enjeu est précisément de trouver les bonnes manières de penser avec la vie de la pensée sur cette planète.

Nul besoin d'écrire tout un essai pour démanteler l'équation entre l'univers et le symbole. Il est possible de soutenir textuellement une telle lecture de Peirce, mais seulement en pratiquant une sorte de philosophie qui ne se préoccupe pas de réfléchir à la façon dont les idées viennent à entrer en relation ou à avoir une pertinence pour un monde au-delà de celui des textes philosophiques. Si c'est tout ce que la philosophie peut offrir, alors je préfère penser avec les forêts.

**Eduardo Kohn**
McGill University

**Traduit par Grégory Delaplace**

# Références citées

Houser *et al.*, 1998, *The Essential Peirce : Selected Philosophical Writings*. Volume 2. Bloomington : Indiana University Press.

Kohn, Eduardo, 2017, *Comment pensent les forêts. Vers une anthropologie au-delà de l'humain*. Trad. Grégory Delaplace. Bruxelles : Zones Sensibles.

Latour, Bruno, 2012, *Enquête sur les modes d'existence. Une anthropologie des Modernes*. Paris : La Découverte.

Peirce, Charles S., 1931, *Collected Papers of Charles Sanders Peirce*. Cambridge, MA : Harvard University Press.

– 1992, Some Consequences of Four Incapacities (1868). *In The Essential Peirce : Selected Philosophical Writings. Volume 1 (1867-1893)*. N. Houser and C. Kloesel, eds. Pp. 28-55. Bloomington : Indiana University Press.

– 1998a, The Three Normative Sciences (1903) In *The Essential Peirce : Selected Philosophical Writings. Volume 2 (1893-1913)*. The Peirce Edition Project, ed. Pp. 196-207. Bloomington : Indiana University Press.

– 1998b, Pragmatism as the Logic of Abduction (1903). *In The Essential Peirce : Selected Philosophical Writings. Volume 2 (1893-1913)*. The Peirce Edition Project, ed. Pp. 226-241, 530-533. Bloomington : Indiana University Press.

– 1998c, The Nature of Meaning (1903). In *The Essential Peirce : Selected Philosophical Writings. Volume 2 (1893-1913)*. The Peirce Edition Project, ed. Pp. 208-225. Bloomington : Indiana University Press.

– 1998d, Of Reasoning in General (1903). In *The Essential Peirce : Selected Philosophical Writings. Volume 2 (1893-1913)*. The Peirce Edition Project, ed. Pp. 11-26. Bloomington : Indiana University Press.

– 1998e, Excerpts from Letter to Lady Welby (1906-08). In *The Essential Peirce : Selected Philosophical Writings. Volume 2 (1893-1913)*. The Peirce Edition Project, ed. Pp. 477-491. Bloomington : Indiana University Press.

# PARUTIONS

## Dominique Brancher,
## *Quand l'esprit vient aux plantes.*
## *Botanique sensible et subversion libertine*
## *(xvi$^e$-xvii$^e$ siècles)*

### Genève, Droz, 2015

*Quand l'esprit vient aux plantes. Botanique sensible et subversion libertine (XVI$^e$-XVII$^e$ siècles)* est un ouvrage essentiel pour qui cherche à réfléchir, pour le formuler dans les termes de P. Descola, aux enjeux de l'identification des existants et de la conception de leurs relations[1]. D. Brancher explore en effet l'une des étapes de constitution de l'ontologie naturaliste, qui repose sur une distinction irréductible entre les sujets humains et les objets non-humains[2]. Mettre au cœur de la réflexion le végétal, longtemps occulté et marginalisé dans l'histoire culturelle, décentre ainsi d'emblée notre regard facilement enclin à l'anthropocentrisme. Surtout, l'auteure met en lumière la manière dont cette conception du vivant fut réexaminée et se fissura progressivement, bien plus tôt que l'on ne le pense, dès le XVI$^e$ siècle et surtout au cours du XVII$^e$ siècle. C'est donc à l'exploration de l'extraordinaire et foisonnante complexité de ce discours sur le végétal que nous convie cet ouvrage.

D. Brancher étudie ainsi la représentation symbolique du vivant et son partage entre différents ordres, et interroge plus précisément l'établissement des frontières entre les règnes tout en repérant, à un moment de cette histoire, la remise en cause de leur étanchéité. Dans ces conditions, la plante est appréhendée « comme instrument cognitif et construction discursive » (p. 26). Si c'est d'abord la question du rapport entre l'humain, l'animal et le végétal qui est posée, elle est corrélée à celle que soulève la plante dès lors qu'on la définit comme une forme d'altérité radicale : comment penser et décrire la spécificité de la vie végétale ? Rejoignant ici la réflexion du biologiste F. Hallé[3], D. Brancher révèle la gageure de tout discours sur la plante : comment rendre compte de l'intériorité du végétal, qui nous reste fondamentalement inaccessible ? Car le discours sur la plante, comme celui sur l'animal, est toujours un « discours d'homme »[4] : « cet au-delà de l'humain

1. P. Descola, *Par-delà nature et culture*, Paris, Gallimard, 2005.
2. *Ibid.*, p. 540.
3. F. Hallé, *Éloge de la plante. Pour une nouvelle biologie*, Paris, Seuil, 1999.
4. T. Gontier, *De l'Homme à l'animal. Montaigne et Descartes ou les paradoxes de la philosophie moderne sur la nature des animaux*, Paris, Vrin, 1998.

demeure par définition indicible : comment échapper au conflit aporétique entre la conscience aiguë de l'altérité et l'incapacité à la concevoir autrement qu'au filtre de la conscience et avec les outils linguistiques de sa propre espèce ? » (p. 23-24). La littérature, avec ses outils propres, permet-elle alors de sortir de cette impasse et de rendre compte de la singularité irréductible de l'être végétal ? Tel est l'enjeu de l'analogie entre l'homme et le végétal : outil conceptuel qui permet de dépasser les cadres traditionnels et rigides de la pensée, elle risque aussi de déformer son objet et, ce faisant, de le manquer. Le discours sur la plante est donc d'emblée philosophique, épistémologique et littéraire. Mais il est aussi d'ordre moral. La dimension axiologique de la plante est en effet au cœur des représentations symboliques de l'Ancien Régime, et la qualification morale du végétal, loin d'être uniforme, va de la pureté à la sexualité la plus débridée. Aussi faut-il être attentif à l'usage du discours sur le végétal, qu'il revête une fonction moralisatrice ou que les plantes soient au contraire instrumentalisées au service d'une approche plus subversive du monde.

Car, et D. Brancher en fait le cœur de son livre, les enjeux du discours sur le végétal ne peuvent être appréhendés que dans leur contexte idéologique et à condition d'être mis en regard avec les discours dominants, qu'ils en confortent l'orthodoxie (aristotélicienne, chrétienne, cartésienne), ou qu'ils la bousculent. Certes, la mise en question de la frontière ontologique et idéologique entre l'homme et l'animal nous est familière, au moins depuis le texte fondateur de l'« Apologie de Raimond Sebond » (II, XII) de Montaigne ; nous ignorons plus souvent en revanche que, conjointement, il est un autre discours, souvent formulé par les mêmes penseurs libertins, qui fragilise, dans l'Europe pré-moderne, l'étanchéité de la frontière entre l'humain et le végétal. Ces penseurs hétérodoxes s'efforcent ainsi de repenser la relation entre les existants non plus en termes duels, mais en y réintroduisant le tiers traditionnellement exclu qu'est la plante. Contre toute attente, la remise en cause de l'infériorité du végétal est donc plus ancienne qu'on ne se l'imagine, même si la revalorisation de la plante demeure fondamentalement subordonnée à la critique de l'anthropocentrisme et, plus largement, du dogmatisme. La potentialité séditieuse et subversive de ce discours paradoxal qui réinterroge le statut ontologique et moral du végétal fait vaciller le fixisme de la hiérarchie du vivant. Derrière la variété des formes (de l'essai philosophique à la rêverie poétique, en passant par le traité de botanique), l'enjeu est toujours le même : en suggérant que la plante est douée de pensée et de sensibilité, cette nouvelle approche opère un véritable décentrement et renverse les conceptions aristotélicienne, chrétienne puis cartésienne du végétal.

Si l'auteure privilégie naturellement les traités botaniques et les fictions littéraires, elle constitue pourtant, loin des partitions traditionnelles, un corpus d'une variété foisonnante qui mêle poésie, iconographie (on appréciera ainsi les nombreuses illustrations de l'édition), philosophie morale et philosophie naturelle. À côté d'œuvres canoniques dont on (re)lit avec plaisir certaines scènes, on découvre également des auteurs et des textes méconnus ou considérés comme mineurs par la tradition, et qui prennent ici la place qui leur revient dans l'histoire des représentations du végétal. L'auteure examine principalement la culture savante tout en la mettant parfois en dialogue avec la culture populaire. Convoquant un savoir considérable, D. Brancher s'appuie sur les recherches les plus récentes à partir d'une bibliographie majoritairement anglo-saxonne, qui révèle le retard de la France sur la question.

Loin du traité méthodique, l'auteure a préféré cheminer librement d'objets singuliers en notions complexes, dont il s'agit toujours de faire émerger les problèmes ou les ambiguïtés. On appréciera à cet égard l'*index plantarum, plantanimalium, planthominum* qui propose encore une autre manière de quitter les sentiers battus de la nomenclature fixiste du vivant. Qu'il s'agisse de la catégorie problématique du zoophyte, de la question de la sexualité des plantes, de l'usage de l'analogie homme/plante, l'objectif est toujours, d'une part, d'évaluer la capacité du discours humain à rendre compte de l'altérité irréductible du végétal et, de l'autre, de mettre en lumière les valeurs que connote tout discours sur le végétal.

L'auteure commence par rendre compte de la place conférée au végétal dans l'échelle des êtres (*scala naturae*) à la Renaissance. Pour ce faire, elle propose une remontée aux origines du discours sur le végétal et de sa conception dans l'Antiquité. Loin de proposer une approche unique des plantes, la pensée antique leur reconnaît différentes qualités jusqu'à Aristote, qui joue à cet égard un rôle décisif. Bien que ses ouvrages de botanique ne nous soient pas parvenus, son influence dans le domaine fut cruciale et fixa pour des siècles le statut ontologique de la plante comme son infériorité dans la hiérarchie des êtres. L'ombre portée de la conception aristotélicienne de la plante (jouissant seulement d'une âme végétative, elle est dépourvue d'intellect et de sensibilité) va perdurer jusqu'à la Renaissance, notamment par l'intermédiaire du *De Plantis*. Ce traité de Nicolas de Damas, longtemps attribué au Stagirite, constitue un maillon essentiel dans la transmission et la radicalisation de la définition aristotélicienne de la plante, située tout en bas d'une échelle des êtres au sommet de laquelle trône l'être humain. La pensée chrétienne prolonge et exacerbe ce statut (il est hérétique selon Augustin d'imaginer que les plantes souffrent) en rajoutant le dualisme à la hiérarchie des êtres.

Le XVIᵉ siècle, en s'ouvrant à d'autres influences antiques (Pline, Sextus) ou contemporaines (Cardan, Campanella), amorce un changement dans les représentations sur le végétal, qui, surtout à partir du XVIIᵉ siècle, fait vaciller l'autorité d'Aristote et le principe de hiérarchie des âmes. Si, d'un côté, Descartes poursuit le mouvement de relégation du végétal au bas de l'échelle du vivant, de l'autre, le trouble introduit par ceux que D. Brancher nomme «les penseurs hétérogènes», et que la critique, depuis les travaux de R. Pintard, a l'habitude d'appeler par commodité les «libertins érudits», ébranle la définition chrétienne de l'homme, de Dieu et du monde. L'anthropocentrisme est au cœur de la bataille et sa critique passe par un réexamen des relations entre l'homme d'une part et les animaux et les végétaux de l'autre : il s'agit dans un même mouvement de faire choir l'homme de son piédestal et de promouvoir des règnes traditionnellement considérés comme inférieurs. En d'autres termes, la réflexion sur le végétal s'enracine dans un contexte polémique qui la subordonne toujours à une réflexion sur l'homme.

Une fois le cadre dominant posé (dans ses taxinomies et son idéologie), D. Brancher revient sur ce qui a donné le titre à son ouvrage, la «botanique sensible», c'est-à-dire les discours subversifs qui suggèrent que les plantes sont douées de sensibilité. Tel est le cas de Guy de la Brosse, un botaniste hétérodoxe dont les traités et la fondation – soutenue par Richelieu – d'un Jardin des plantes médicinales inspiré de ses conceptions fissurent l'autorité de la Sorbonne aristotélicienne. Dans la même perspective, l'auteure souligne les enjeux philosophiques et épistémologiques que soulève l'existence du zoophyte – créature qui tient à la fois du végétal et de l'animal – qui, par son hybridité, excède toute tentative de classification, et, ce faisant, met les taxinomies à l'épreuve. Déjà connu dans l'Antiquité, le zoophyte, pour Aristote, rendait compte du principe de continuité dans l'échelle de la nature. La Renaissance, fascinée par les singularités botaniques et les merveilles de la nature, s'y intéresse à son tour, tandis que le zoophyte devient, pour les esprits hétérodoxes, un moyen de subvertir les classifications communément admises en reconsidérant l'étanchéité des frontières ontologiques, morales et idéologiques entre l'animal et le végétal. L'étude approfondie d'un certain nombre de plantes qui ont animé les débats botaniques des XVIᵉ et XVIIᵉ siècles permet d'en prendre la mesure : il en va ainsi du mimosa, dont les facultés sensitives troublent les représentations traditionnelles, ou encore de la mandragore, dont les racines d'apparence humaine et le fameux cri – qui la rapproche de l'homme et de l'animal – bousculent les catégories. L'homme est déchu de son piédestal dans la mesure même où il ne serait plus le seul à posséder une intériorité affective, et à disposer de la parole et du langage.

L'auteure observe alors la manière dont la littérature s'empare des plantes : comment la fiction parvient-elle à renverser les représentations dominantes sur le végétal ? Car, loin de se contenter d'illustrer un propos philosophique, la littérature, par ses moyens spécifiques, invite à repenser le statut ontologique des plantes, tout d'abord en accueillant le végétal au sein de la fiction et en lui reconnaissant une place centrale dans le récit ou le poème, mais surtout en lui octroyant un statut de personnage. En effet, faire de la plante un personnage est un bouleversement de taille, car c'est lui conférer d'emblée identité, singularité, intériorité, parole. Si, à cet égard, les poètes et les romanciers puisent dans une tradition littéraire antique qui remonte à Virgile et à Ovide, la nouveauté apparaît dans les modifications et les éventuelles torsions imposées à cet héritage classique pour lui conférer un surplus de sens. En effet, toutes ces représentations littéraires du végétal ne sont pas épistémologiquement transgressives, mais elles se répartissent sur une échelle qui conduit de la simple figuration de la plante sensible à des usages dont les implications transgressives culminent avec Cyrano de Bergerac, qui fait figure d'exception dans le paysage intellectuel de son époque. Prenant le cas de la tradition des arbres émotifs, D. Brancher, colligeant les récits mythologiques du XVIᵉ siècle, montre que la voix que leur prête le poète ne contribue pas à la subversion des catégories du vivant. Même dans la fable politique d'Howell, *Dendrologie ou la Forest de Dodonne* (1641), allégorie politique où chaque arbre incarne un État, la fiction énonciative d'une plante narratrice demeure subordonnée à un discours politique et partisan sans que soit exploré le statut du végétal en lui-même. Il en va de même de la reprise de la tradition antique de l'éloge paradoxal des légumes et notamment du chou. S'appuyant alors sur un savant travail lexical, lexicographique et botanique (principalement sur les légumes anciens), D. Brancher fait resurgir devant nos yeux toute la tradition des connotations de la courge : parfois synonyme de la femme, elle évoque la bêtise ou l'insignifiance, et suggère le vide, la vanité, et, de manière générale, sert davantage à souligner les limites du langage qu'à critiquer des catégories ontologiques. On le voit, l'auteure, sans jamais se laisser emporter par son objet, souligne au contraire combien sont rares les profondes subversions libertines du végétal ; c'est dans cette perspective que l'œuvre de Cyrano prend tout son relief. En donnant la parole à un chou désespéré d'être décapité puis à un chêne voluptueux (dont le plaisir sensuel est redoublé par celui des mots), *Les États et empires de la lune et du soleil* cherchent à ruiner toute présomption humaine et renversent les paradigmes aristotélicien, chrétien et cartésien en affirmant que la plante ressent et pense, en d'autres termes qu'elle est pourvue d'une âme et relève du *cogito*.

La question centrale de la sexualité des plantes est dès lors traitée dans toutes ses implications morales et idéologiques. De manière surprenante, le déni de la sexualité des plantes n'empêche pas une approche genrée des plantes mâles (plus robustes) et femelles (plus fragiles). Surtout, le discours sur le végétal se trouve au cœur de la « fabrique » de la passion de la pudeur à la Renaissance[5]. Loin de toute uniformité, les plantes peuvent tout aussi bien servir un propos dévot qu'obscène. De manière saisissante, on mesure que le retard scientifique dans la découverte des organes reproducteurs des plantes procède au fond de barrières intellectuelles et, surtout, idéologiques. D. Brancher reconstitue ainsi l'histoire du débat sur la sexualité des plantes depuis l'Antiquité et montre comment cette intuition, plusieurs fois formulée (par Théophraste ou Albert le Grand notamment), a toujours fini par être rejetée. L'obstacle est à la fois méthodologique (l'intérêt des botanistes porte principalement sur les vertus thérapeutiques des « simples » sans chercher à établir un savoir sur les plantes elles-mêmes) et idéologique. En effet, en christianisant la plante, l'Église l'a purifiée, excluant dès lors la possibilité d'une sexualité. De fait, le végétal n'a cessé d'être « spiritualisé » dans les pratiques et les discours chrétiens, comme le montre la place variée qu'occupent les jardins dans la spiritualité chrétienne : jardins spirituels des ouvrages de dévotion où les plantes illustrent la parole divine ; éloge du jardinage comme pratique éreintant les passions peccamineuses. C'est l'occasion pour l'auteure de nuancer un lieu commun historiographique sur le lien privilégié des Réformés avec la culture des plantes : elle montre la place spécifique du jardinage, qu'il s'agisse du jardin conventuel ou séculier, dans le catholicisme tridentin qui ne cesse d'en louer les bienfaits sur les âmes. Dans le même esprit, les jardins poétiques, à l'instar de « l'arbre vergogneux » de Du Bartas, oscillent entre anthropomorphisation et désexualisation de l'arbre, lui conférant un désir sublimé.

▓ 5. D. Brancher, *Équivoques de la pudeur. Fabrique d'une passion à la Renaissance*, Genève, Droz, 2015.

La question de la portée de l'analogie dans le discours sur le végétal, déjà abordée dans les autres chapitres, devient alors un enjeu central. Les discours qui végétalisent l'homme ou qui humanisent le végétal recourent nécessairement à des procédés analogiques (comparaisons, métaphores) fondés sur l'idée de porosité entre les règnes alors que les représentations dominantes postulent leur étanchéité. Aussi faut-il s'efforcer d'évaluer à sa juste mesure la valeur de l'analogie en faisant la part de ce qu'elle contient de délibéré et de ce que le discours peut dire malgré lui (les impensés, le refoulé) en subvertissant les schémas mentaux dominants. Par exemple, le recours aux métaphores et aux comparaisons végétales permet de rendre compte de la sexualité humaine, aussi bien dans la médecine savante que dans la langue populaire du XVIᵉ siècle, dans un large éventail de descriptions qui oscillent entre subtile suggestion et âpre crudité. Aussi est-il parfois impossible de circonscrire avec certitude la valeur cognitive de certains textes. En outre, la signification ultime du geste analogique demeure parfois indécidable dans la mesure où il est difficile de mesurer où s'arrête l'identité qu'il suggère entre l'homme et le végétal. Au terme de sa réflexion, D. Brancher met en lumière l'aporie à laquelle aboutit tout discours humain qui s'efforce de rendre compte de la spécificité du végétal : «tel est en définitive le *double bind* qui informe tout discours sur le végétal : soit on lui refuse les facultés considérées comme le privilège de l'animal ou de l'homme, soit on les lui concède au risque de méconnaître sa vraie nature qui n'est pensable qu'en dehors des catégories de l'humain» (p. 243). À l'instar du discours sur l'animal, qui sera toujours un discours d'homme[6], le discours sur le végétal achoppe toujours sur la possibilité de penser la plante autrement qu'avec nos propres catégories.

*Quand l'esprit vient aux plantes* reconstitue une étape importante dans l'histoire de la représentation du monde vivant mais fait aussi le récit du long cheminement de la pensée pour parvenir à se départir de ses préjugés. Si l'ouvrage n'est pas prosélyte, il parvient toutefois à troubler nos conceptions et à faire vaciller nos certitudes. Nous sommes ainsi comme le Dyrcona de Cyrano qui, sur la lune, commence naïvement par se moquer du chou avant qu'on ne lui montre qu'une autre manière d'appréhender le vivant, en dehors des classifications rigides et des conceptions idéologiques dominantes, est possible. Au détour d'une incidente («n'en déplaise aux esprits chagrins et zoocentristes», p. 13), ce sont aussi nos catégories mentales contemporaines qui sont pointées du doigt, sans doute pour mieux nous convier à un décentrement salutaire et nécessaire.

**Aude Volpilhac**
Enseignante-chercheuse à l'Université catholique de Lyon

▨ 6. T. Gontier, *op. cit.*

# PARUTIONS

## Christopher Stone, *Les arbres doivent-ils pouvoir plaider ?*

### *Vers la reconnaissance de droits juridiques aux objets naturels*

**Le passager clandestin, 2017** [1]

Cet article de Christopher Stone, publié en 1972 et qui a été réédité plusieurs fois en américain, vient enfin d'être traduit en français par Tristan Lefort-Martine, avec une importante préface de Catherine Larrère. Ce texte analyse la façon dont nous pouvons conférer des droits à des objets naturels de l'environnement, idée qui, en 1972, apparaissait comme quasiment impensable.

Christopher Stone est un juriste : son texte ne peut être compris qu'en le replaçant dans le contexte d'une affaire juridique précise. À la fin des années 1960, la société Walt Disney a proposé d'installer une station de sports d'hiver dans une vallée de la Californie du Sud, célèbre pour ses séquoias. Une association de protection de la nature, le Sierra Club, s'est opposée à ce projet ; la Cour d'appel a rejeté sa demande au motif qu'elle ne pouvait arguer dans cette affaire aucun préjudice personnel. L'affaire devait venir en délibéré devant la Cour suprême des USA à la fin de 1971 : c'est dans ce contexte que Stone écrivit son article, en montrant que ce sont les arbres menacés de disparaître qui devraient plaider. L'appel fut finalement rejeté, même si une minorité de juges était d'avis contraire ; cela dit, la société Walt Disney, découragée par les retards entraînés par les poursuites judiciaires, finit par abandonner son projet.

Mais le problème posé par Stone ne saurait se réduire aux circonstances d'écriture de son article : il s'agit de se demander – et les séquoias californiens ne sont ici qu'un exemple – s'il est possible de faire d'un objet naturel un sujet de droit. Stone pose le problème en juriste, c'est-à-dire en refusant toute conception métaphysique du droit ou toute analyse de « droits de la nature ». Le droit n'est pas une sorte de substance étrange qu'on a ou qu'on n'a pas. Un droit relève toujours d'une convention ou d'une fiction juridique : il nous renvoie aux processus qui l'ont établi, aux institutions qui

---

■ 1. Édition originale : « Should Trees Have Standing? Towards Legal Rights for Natural Objects », *Southern California Law Review*, 1972.

permettent de le défendre, aux procédures d'examen qui ont été mises en place, et ce sont ces procédures qui permettent d'établir des différences entre certains objets naturels, les fleuves, par exemple, et d'autres objets naturels de l'environnement. Il ne s'agit donc pas de discuter de façon absolue sur le droit, mais de l'analyser à l'aune de ces procédures et de ces institutions. Stone explique ainsi que nous n'avons pas un droit plus absolu sur notre vie que sur notre permis de conduire, mais que nous avons un plus grand droit sur notre vie et qu'un État qui prétendrait nous en priver devrait mettre en œuvre des procédures bien plus complexes que pour nous retirer notre permis de conduire. Si Stone critique ainsi une conception naïve du droit, il se donne également les moyens de répondre par avance à des positions de principe philosophiques bloquant toute discussion, comme celle de Luc Ferry, exposant dans *Le Nouvel ordre écologique* que seule l'humanité peut avoir une personnalité juridique.

Stone commence par situer le problème des droits de la nature dans une histoire générale du droit en montrant comment des droits juridiques ont pu progressivement être reconnus à des êtres qui précédemment ne jouissaient d'aucun droit : les enfants, les Afro-américains, les femmes etc. Il rappelle également que tous les êtres reconnus comme détenteurs de droits n'ont pas nécessairement une forme humaine. La pensée médiévale a inventé un système alambiqué pour donner à l'Église universelle ou à l'Empire un corps à figure humaine ; de nos jours les trusts ou les entreprises sont des personnes morales ; et, si on utilise toujours un pronom personnel féminin pour désigner un bateau en anglais, c'est parce que les bateaux ont eu fort longtemps une vie juridique propre. Stone cite le cas d'un vaisseau, utilisé par des pirates, qui fut condamné et vendu sans l'accord de ses propriétaires au motif que l'action n'avait pas été encourue à l'encontre du propriétaire, mais à l'encontre du vaisseau pour une infraction qu'il avait commise…

Or, tout au long de l'histoire du droit, l'extension du droit à une nouvelle entité a paru impensable avant d'être effectuée. Comme si nous avions toujours tendance à penser que les choses étaient dépourvues de droit par un décret de la nature et non du fait d'une convention juridique. En ne voulant pas donner de droit aux choses parce qu'on ne leur reconnaît pas de valeur, on s'empêche de pouvoir leur reconnaître une valeur. Il est donc nécessaire, pour sortir de ce cercle, de conférer des droits juridiques à certains objets naturels de l'environnement. Et l'aspect le plus fondamental du livre de Stone est juridique : il s'agit de donner des solutions juridiques à la question des droits de ces objets, d'en analyser les aspects procéduraux, de façon à montrer que cette idée n'est ni fantasque, ni dépourvue de contenu opérationnel. Des droits légaux ne sont pas comme les droits moraux égalitaristes : reconnaître le droit d'un mineur de quinze ans ne revient pas à lui accorder le droit de vote ; accorder des droits à des objets naturels va supposer aussi de faire des distinctions : on peut ne pas donner les mêmes droits à tous les éléments de la nature.

Stone précise d'entrée de jeu qu'il faut se rappeler que juridiquement on ne parle jamais de droits absolus : reconnaître des droits à des objets l'environnement ne revient pas à dire qu'il sera à jamais interdit d'abattre un arbre, reconnaître des droits aux êtres humains n'empêche pas qu'ils puissent être condamnés à mort. La reconnaissance de droits passe d'abord par des procédures juridico-opérationnelles. Pour pouvoir être sujet de droits juridiques, il ne suffit pas qu'un organisme officiel soit préposé à surveiller les actes qui contreviennent à ce droit, il faut trois critères supplémentaires : la chose lésée doit pouvoir intenter une action en justice en son propre nom ; à l'heure de déterminer l'octroi de réparations, la Cour doit considérer les dommages à son encontre ; la réparation doit être effectuée à son profit. Ce sont bien ces différents avantages procéduraux qui manquent à l'environnement. Ainsi on peut montrer, par exemple, comment un cours d'eau fondamentalement n'a pas de droits et n'a aucun moyen juridique contre une pollution : il ne peut pas intenter une action en justice, seule une requête du riverain d'aval peut permettre de poursuivre le pollueur ; les tribunaux vont statuer en établissant un compromis quantitatif entre les intérêts économiques des riverains d'amont et d'aval, et perdent de vue ainsi le cours d'eau lui-même ; enfin même si le riverain d'aval gagne son procès, aucun argent n'ira au cours d'eau en réparation du dommage. Et il est fréquent que le pollueur préfère payer des dommages et intérêts plutôt que de cesser de polluer ou que les plaignants abandonnent une décision de justice contre une certaine somme.

Or il serait possible d'accorder un droit de recours à des objets naturels. Que les fleuves ou les forêts ne puissent intenter une action en justice n'est pas un argument : des avocats peuvent parler pour eux, comme ils le font pour quelqu'un qui est sous tutelle ou sous curatelle. Et le tuteur est parfaitement capable de juger des besoins de l'objet naturel dont il a la charge : des signes naturels sans équivoque lui montrent par exemple que sa pelouse a besoin d'être arrosée.

Il est de plus fondamental pour Stone de reconnaître des préjudices à l'encontre de l'environnement lui-même et donc de mesurer la valeur des dommages environnementaux en fonction du coût de la restauration complète de l'environnement affecté. Il est bien clair que de telles procédures seront nécessairement approximatives, mais elles sont importantes, en particulier d'un point de vue psycho-social. Et l'objet naturel doit devenir à la fois susceptible de recevoir des indemnisations et titulaire de responsabilités. La création d'un fonds fiduciaire rendrait possible de telles procédures. Enfin il est nécessaire de mettre en place des droits concrets susceptibles d'être revendiqués devant un tribunal : il faut que les intérêts de tel ou tel objet naturel soient pris en compte d'une manière plus subtile, parce que plus procédurale. Stone donne des exemples de l'intérêt des procédures : des demandes d'informations complémentaires peuvent ainsi faire réfléchir des institutions dont les actions menacent l'environnement à ce qu'elles sont en train de faire. Et une société qui en serait venue à faire de l'environnement un sujet de droit, serait également capable de trouver un bon nombre de droits que l'environnement pourrait revendiquer devant les tribunaux.

Or, et c'est un des aspects les plus intéressants du livre de Stone, les procédures juridiques ne sauraient être limitées à la seule sphère du droit : la mise en place de procédures juridiques a des conséquences fondamentales sur notre façon de penser. Le vocabulaire et les expressions que nous utilisons influencent notre pensée : une société dans laquelle il serait établi que les rivières ont des droits juridiques finirait par élaborer un système juridique spécifique, différent de celui d'une société n'employant pas cette expression. C'est la raison pour laquelle Stone travaille sur les aspects psychologiques et psycho-sociaux de la réforme qu'il propose. Il est nécessaire de repenser la manière dont nous concevons l'environnement. Notre conception de l'homme comme maître et seigneur de la nature n'est certainement pas la principale responsable de la crise écologique, elle a en revanche émoussé notre indignation et notre capacité à réagir. Les activités de l'homme doivent être comprises par rapport au fonctionnement total de la Terre entière ; les problèmes que nous rencontrons ressemblent de plus en plus aux crises planétaires d'un organisme mondial. Stone construit ici une sorte de mythe pour repenser les relations de l'homme au reste de la nature, en considérant la Terre comme un seul et même organisme dont l'humanité constituerait une partie fonctionnelle. Et une fonction fondamentale du droit du début à la fin du livre est de réussir à penser l'impensable (on a pu réussir au fil du temps à penser que les esclaves, les femmes ou les arbres pourraient avoir des droits...) et de donner ainsi une forme et une légitimité aux meilleures idées de l'esprit humain.

Le livre de Stone a joué un rôle moteur dans l'évolution des analyses écologiques dans les années 1970 : il ne s'agit plus seulement comme à la fin du XIXᵉ siècle de s'intéresser à la défense des grands sites sauvages, mais de s'inquiéter des effets diffus et nocifs de l'emprise technique des hommes sur la terre : la question de l'environnement cesse alors d'être une question locale pour devenir une question globale.

La préface de Catherine Larrère montre à quel point le thème de cet article de 1972 apparaît comme actuel en rappelant que le 15 mars 2017 le parlement néo-zélandais a accordé le statut de personne juridique au fleuve Whanganui, qui se trouve sur le territoire d'une communauté maori désignée comme son représentant légal et que le 20 mars 2017 la haute cour de l'État himalayen de l'Uttarakhland (nord) en Inde a décrété que le Gange et la Yamuna où les hindous vont pratiquer des ablutions seraient désormais considérés comme des entités vivantes ayant le statut de personne morale et les droits afférents. Décisions qu'elle rapproche d'autres mesures antérieures : en 2008 l'Équateur a fait explicitement de la nature un sujet de droit, en 2016 la Bolivie a voté une loi sur les droits de la Terre-Mère. Elle rapproche ces décisions de l'article de Stone, en considérant que les uns comme les autres appliquent à la nature des dispositifs juridiques modelés sur le droit occidental. C'est un point sur lequel on peut interroger sa préface : de tels dispositifs relèvent-ils de l'ethnocentrisme ? ou sont-ils au contraire un moyen de lutter contre le capitalisme mondial et ses violences en mettant en place une autre forme d'appropriation que celle qui repose sur le profit ? Stone dénonce l'anthropocentrisme de ses adversaires, en montrant qu'appliquer ses propositions aurait évidemment un coût et supposerait de réduire notre niveau de vie tel qu'il est mesuré à l'aune de nos valeurs actuelles.

L'article de Stone a fait l'objet de nombreuses critiques se focalisant sur sa position holiste, et négligeant son contenu juridique. Or l'un et l'autre sont inséparables. L'analyse effectuée par Stone des procédures du droit a deux intérêts : un intérêt strictement juridique en mettant en évidence comment il serait possible de conférer des droits à des objets naturels. Sur ce plan, le texte de Stone a eu des conséquences importantes : il a été entendu par d'autres juristes, son article a été cité dans d'autres jugements. Mais cette qualification juridique d'entités naturelles ne peut être considérée uniquement comme une procédure technique : elle a une signification symbolique et culturelle. En introduisant un nouveau langage, elle introduit une nouvelle façon de penser, le droit rend pensable ce qui était avant lui impensable. Et on comprend alors l'unité du livre qui peut conclure l'analyse de procédures juridiques par un mythe, et qui fait du droit la source de nouvelles façons de penser. Il y a ainsi un pluralisme fort important défendu par Stone : le droit ne doit pas être réduit à une affaire de spécialistes, il a des répercussions qui dépassent de très loin le seul cadre des tribunaux ; notre attitude actuelle à l'égard de la propriété et de la nature peut entraver notre épanouissement personnel, ce sont des nouvelles conceptions et de la nature et du bonheur humain qui constituent un des enjeux du livre.

**Barbara de Negroni**
Professeur de philosophie, Lycée Blanqui, Saint-Ouen

# ABSTRACTS

# Le végétal, savoirs et pratiques

## Savoir-être avec les plantes : un vide ontologique ?
Florence Brunois

Based on a comparison between the relations the Kasua and the moderns entertain with forest plants in Papua New Guinea, this article uncovers the ontological blind corner in which a whole set of interactions linking the Kasuas to plants in inter-species communication disappears in a brutal, violent and systematic way. That blind corner the author qualifies as "ontological void" acts like a dividing knife on their ethnography, as an epistemological obstacle which applies not only to Kasua phenomenology but to all non-modern ways of life.

## Usage des oxymores et pratiques des lisières
Aurélien Gabriel Cohen

This paper explores a problem that emerges when we try to fairly describe certain agroecological practices, often inspired by permaculture approaches, in their attempt to unravel the hybridity between wild and domestic, between control and laisser-faire. By analyzing those practices jointly as edges between different courses of action, and as oxymoronic uses of descriptive categories, we will try to show how they question and query some structuring dualisms of modern thinking.

## Penser comme une plante : perspectives sur l'écologie comportementale et la nature cognitive des plantes
Monica Gagliano

It is more and more often acknowledged that plants are sensitive organisms which perceive, value, learn, remember, solve problems, make decisions and communicate to each other in actively acquiring information on their environment. However, the fact that many complex patterns of plant behaviour exhibit cognitive skills, usually ascribed to human and non human animals, has not been fully assessed. This article intends to show the theoretical obstacles which may have prevented experimenting on such behavioural/cognitive phenomena in plants.

## Le scepticisme au Moyen Âge
Christophe Grellard

The present study provides a rough overview of the reception and transformation of sceptical doctrines in the Middle Ages. By studying the availability and conditions of reception of ancient texts, and the ways in which they became part of a new epistemological enquiry, one may explain the types of answer medieval thinkers tried to give to the sceptical challenge, and show how they changed that recurring philosophical problem, thus contributing to the coming of modern scepticism. One cannot indeed make sense of modern scepticism if one cannot identify the medieval conditions of its possibility.

# FICHE DOCUMENTAIRE

## 2ᵉ TRIMESTRE 2018, N° 153, 142 PAGES

Ce numéro des *Cahiers philosophiques* est le deuxième volet d'un ensemble consacré au végétal. Il est ici question de la reconnaissance, par les biologistes, d'une sensibilité, d'une cognition et d'une agentivité des plantes. Mais aussi du fait que cette cognition et cette agentivité sont connues et pratiquées de longue date par des peuples « non modernes ».

La rubrique Introuvables contient le « Discours sur la structure des fleurs, leurs différences et l'usage de leurs parties », prononcé par Sébastien Vaillant le 10 juin 1717 au Jardin du Roi.

Enfin la rubrique Situations propose une lecture croisée de l'ouvrage d'Eduardo Kohn *Comment pensent les forêts ?* On lira le point de vue de Philippe Descola, celui de Jean-Marie Chevalier, spécialiste de Peirce ainsi que la réponse d'Eduardo Kohn.

### Mots clés

Affordance ; anthropologie de la nature ; biosémiologie ; cognition des plantes ; forêts pensantes ; hybridité ; jachère productive ; Kasua ; oxymore ; Peirce ; permaculture ; scepticisme.

## Philosophie du végétal
### Q. Hiernaux, B. Timmermans (dir.)

Depuis quelques années, l'étude des plantes révèle des processus inconnus de communication, de reproduction, de régénération, pour n'en citer que quelques-uns, qui nous invitent à repenser la vie, la mort, l'individu, l'espèce, voire l'« intelligence » ou la « conscience » que certains appliquent de plus en plus ouvertement aux végétaux. Plus qu'une critique stérile de l'anthropomorphisme et de l'universalisme réducteurs, une philosophie du végétal est un véritable moteur pour la création de nouvelles formes intellectuelles et pour réfléchir les enjeux technoscientifiques, environnementaux et éthiques de notre rapport à la nature. Ce volume réunit les textes d'un botaniste, d'une généticienne des populations végétales, d'historiens de la botanique et de philosophes qui, tous, pensent que la philosophie peut être utile à la botanique, et réciproquement.

Vrin - Annales de l'institut de philosophie de l'université de Bruxelles
13,5 x 21,5 cm
ISBN 978-2-7116-2834-6 - sept. 2018

## Nouveaux fronts écologiques
### Essais d'éthique environnementale et de philosophie animale
### Hicham-Stéphane Afeissa

Qu'est-ce qu'un front écologique ? Au sens strict, il s'agit d'un type d'espace, réel ou imaginaire, dont la valeur écologique et esthétique est suffisamment forte pour être convoitée et appropriée par des acteurs extérieurs à l'espace considéré. C'est aussi bien, métaphoriquement, une zone avancée des combats où l'écologie se fait et se défait dans une lutte autour de valeurs et d'idées. Ces fronts passent à l'intérieur des mouvements, des théories, des sujets de controverse, comme à l'extérieur des questions les plus fréquemment débattues. L'objectif du présent volume est d'ouvrir, d'analyser et de cartographier quelques-uns des nouveaux fronts écologiques où les combats font rage aujourd'hui, dans le domaine de l'éthique environnementale comme dans celui de la philosophie animale.

Vrin - Pour Demain
194 pages - 13,5 x 21,5 cm
ISBN 978-2-7116-2435-5 - mai 2012

## Le traité médical (Kitâb al-Taysir)
### Ibn Zuhr de Séville

Dans la présente étude, l'auteur se penche sur cette médecine arabo-andalouse à travers l'œuvre d'un de ses plus prestigieux représentants, Abû Marwân Ibn Zuhr, que l'Occident latin connaît sous le nom d'Avenzoar. Son Kitâb al-Taysir, dont est ici proposée la traduction, illustre l'état des connaissances médicales au XIIe siècle ap. J.-C. : les descriptions cliniques, les conceptions pathogéniques, les méthodes thérapeutiques et les moyens techniques disponibles à l'époque se trouvent exposés dans leurs grandes lignes dans cet ouvrage qui servit, durant des siècles, à l'enseignement de la médecine jusque dans les Universités européennes.

Vrin - Études musulmanes
480 pages - 16 x 24 cm
ISBN 978-2-7116-2281- octobre 2010

# Cahiers Philosophiques

## BULLETIN D'ABONNEMENT

**Par courrier :** complétez et retournez le bulletin d'abonnement ci-dessous à :
Librairie Philosophique J. Vrin - 6 place de la Sorbonne, 75005 Paris, France
**Par mail :** scannez et retournez le bulletin d'abonnement ci-dessous à : fmendes@vrin.fr
**Pour commander au numéro :** www.vrin.fr ou contact@vrin.fr

### RÈGLEMENT

☐ France
☐ Étranger

☐ Par chèque bancaire :
à joindre à la commande à l'ordre de
Librairie Philosophique J. Vrin

☐ Par virement sur le compte :
BIC : PSSTFRPPPAR
IBAN : FR28 2004 1000 0100 1963 0T02 028

☐ Par carte visa :

_ _ _ _   _ _ _ _   _ _ _ _   _ _ _ _

expire le : _ _ / _ _
CVC (3 chiffres au verso) : _ _ _

Date :
Signature :

### ADRESSE DE LIVRAISON

Nom
Prénom
Institution
Adresse

Ville
Code postal
Pays
Email

### ADRESSE DE FACTURATION

Nom
Prénom
Institution
Adresse
Code postal
Pays

## ABONNEMENT - 4 numéros par an

| Titre | Tarif France | Tarif étranger | Quantité | Total |
|---|---|---|---|---|
| Abonnement 1 an - Particulier | 42,00 € | 60,00 € | | |
| Abonnement 1 an - Institution | 48,00 € | 70,00 € | | |
| | | | TOTAL À PAYER : | |

Tarifs valables jusqu'au 31/12/2018

* Les tarifs ne comprennent pas les droits de douane, les taxes et redevance éventuelles, qui sont à la charge du destinataire à réception de son colis.

# Derniers dossiers parus

Achevé d'imprimer le 8 août 2018 par *La Manufacture - Imprimeur* – 52200 Langres
Imprimé en France – N° d'imprimeur : 180983 – Dépôt légal : septembre 2018